Veit Stoß

kleine bayerische biografien

herausgegeben von
Thomas Götz

INÉS PELZL

Veit Stoß

Künstler mit verlorener Ehre

Verlag Friedrich Pustet
Regensburg

kleine bayerische biografien

Biografien machen Vergangenheit lebendig: Keine andere literarische Gattung verbindet so anschaulich den Menschen mit seiner Zeit, das Besondere mit dem Allgemeinen, das Bedingte mit dem Bedingendem. So ist Lesen Lernen und Vergnügen zugleich.
Dafür sind gut 100 Seiten genug – also ein Wochenende, eine längere Bahnfahrt, zwei Nachmittage im Café. Wobei klein nicht leichtgewichtig heißt: Die Autoren sind Fachleute, die wissenschaftlich Fundiertes auch für den verständlich machen, der zwar allgemein interessiert, aber nicht speziell vorgebildet ist.
Bayern ist von nahezu einzigartiger Vielfalt: Seinen großen Geschichtslandschaften Altbayern, Franken und Schwaben eignen unverwechselbares Profil und historische Tiefenschärfe. Sie prägten ihre Menschen – und wurden geprägt durch die Männer und Frauen, um die es hier geht: Herrscher und Gelehrte, Politiker und Künstler, Geistliche und Unternehmer – und andere mehr.
Das wollen die KLEINEN BAYERISCHEN BIOGRAFIEN: Bekannte Personen neu beleuchten, die unbekannten (wieder) entdecken – und alle zur Diskussion um eine zeitgemäße regionale Identität im Jahrhundert fortschreitender Globalisierung stellen. Eine Aufgabe mit Zukunft.

Dr. Thomas Götz, Herausgeber der Buchreihe, geboren 1965, lehrt Neuere und Neueste Geschichte an der Universität Regensburg. Veröffentlichungen zu Stadt und Bürgertum in der Neuzeit.

Inhalt

Einleitung

Annähernd ein halbes Jahrtausend ist seit dem Tod des Bildschnitzers Veit Stoß vergangen. Was steht dem Biografen heute zur Rekonstruktion seines spätmittelalterlichen Lebens zur Verfügung? Die Antwort scheint einfach: Sein vielseitiges künstlerisches Schaffen gibt die biografischen Meilensteine vor, und archivalische Quellen liefern ergänzende Informationen zu Werk und Person des Künstlers.

Die Realität gestaltete sich jedoch ungleich schwieriger: Die Erstellung einer Lebensbeschreibung des Veit Stoß erwies sich als ein kompliziertes Puzzlespiel. Bereits das Werk des Bildschnitzers barg viele Unsicherheitsfaktoren: Fehlende Künstlersignaturen, Entstehungsjahre und einschlägige Archivalien, umstrittene Zuschreibungen und variierende Datierungen erschwerten eine eindeutige und chronologische Werkreihe. Hinzu kam die Tatsache, dass Quellen aus diversen Archiven, oft von obrigkeitlicher Seite erstellt, spärlich und zufällig waren und darüber hinaus Interpretationsspielraum zuließen. Private Dokumente wie Briefe oder persönliche Aufzeichnungen des Künstlers fehlten gänzlich.

Die raren Zeugnisse menschlicher und künstlerischer Existenz wurden auf einer Zeitleiste von Stoß' Kindheit bis hinein ins hohe Alter wie Perlen aneinandergereiht, immer mit dem Ziel eines schlüssigen und nachvollziehbaren Lebensverlaufs. Dabei durfte das Streben nach einer vollständigen Rekonstruktion des Künstlerlebens freilich nicht mit Abstrichen bei der wissenschaftlichen Zuverlässigkeit einhergehen.

Eine besondere Herausforderung stellten Veit Stoß' frühe Jahre dar, da sein erstes gesichertes Lebenszeugnis aus dem Jahr 1477 stammt und damit für den knapp 30-Jährigen vorliegt. Alles, was ihn als Mensch und Künstler vor diesem Zeitpunkt ausmachte und formte, ist in biografisches Dunkel getaucht und musste indirekt und andeutungsweise im Kontext der Epoche erhellt werden. Gut dokumentiert ist dagegen das kritischste Ereignis seines Lebens, das ihn mit dem Gesetz der Reichsstadt Nürnberg in Konflikt brachte. Zahlreiche Ratsverlässe berichten über den Vorgang sowie die folgenden, über Jahre andauernden scharfen Auseinandersetzungen zwischen dem Bildschnitzer und der städtischen Obrigkeit. Aus ihnen tritt deutlich seine Persönlichkeit hervor, insbesondere sein leidenschaftliches Naturell und seine Beharrlichkeit, die ihm half, diese prekäre Lebensphase zu meistern.

Gerne würde man einer Biografie ein Porträt voranstellen, das dem Leser auch einen visuellen Zugang zur wortreich beschriebenen Person gewährt. Leider existiert kein beglaubigtes Bildnis von Veit Stoß. Zwar vermeldet eine Quelle vom 17. November 1530, dass dem Nürnberger Rat ein Bildnis von ihm vorgelegt wurde, jedoch ist dieses verloren. Immer wieder versuchte man, einzelne Figuren in Stoß' Werk als Selbstbildnisse zu deuten. Dazu gehört auch einer der zwei Hirten aus dem Mittelschrein des Hochaltars der Karmeliterkirche, der sich heute im Bamberger Dom befindet. Völlig in sich versunken steht der mit einer Kappe bekleidete Mann hinter den das Christkind anbetenden Engeln. Adlernase, stark ausgeprägte Wangenknochen und ein modischer Kinn- und Schnurrbart verleihen dem fein gearbeiteten Gesicht einen markanten Ausdruck. Auch wenn der in den mittleren Lebensjahren stehende Hirte kaum mit dem damals über 70-jährigen Künstler zu identifizieren sein dürfte, so ist doch überliefert, dass es Stoß' Wunsch war, gerade mit diesem Altar seiner Familie und sich selbst ein bleibendes Denkmal zu setzen. Das ist ihm gelungen: Noch 500 Jahre später hält dieses Meisterwerk der Bildschnitzerkunst das Interesse an seinem begnadeten Schöpfer wach.

1 Schwäbisch-oberrheinische Wurzeln

DEUTSCH-POLNISCHER ABSTAMMUNGSSTREIT

Veyt Stosz, Veytten Stoß, Veit Stossen, Vaitt Stöß – der Vor- und Familienname des Bildschnitzers begegnet in den Dokumenten, die sich ab den späten 70er-Jahren des 15. Jhs. in den Archiven zu seiner Person erhalten haben, in vielen Varianten. Dies ist in spätmittelalterlichen Urkunden nicht unüblich. Zwar kann man bereits in dieser Zeit von einer durchgängigen Verwendung von Familiennamen ausgehen, aber deren Rechtschreibung war nicht verbindlich vorgegeben und konnte durch Landessprache, Dialekt oder fehlerhafte Niederschrift Veränderungen erfahren. Angaben zu Beruf – in Stoß' Fall z. B. »*snitczer*« oder »*sculptor*« –, seiner Qualifikation »*magister*« oder »*meyster*« sowie seiner Herkunft auch in kombinierter Form ergänzten oder ersetzten diese Namensnennungen. In einem überschaubaren städtischen Umfeld genügten wenige Anführungen, um eine Person obrigkeitlich zweifelsfrei zu identifizieren.

Gerade die verschiedenen Herkunftsangaben des Bildschnitzers, die aufgrund seiner Mobilität mit mehrmaligem Wechsel seines Aufenthaltsortes zwischen »*von Kracka*«, dem polnischen Krakau, »*de Norinberga*«, aus der Reichsstadt Nürnberg, und sogar vermeintlich »*fernen Landen*« schwanken, stellten deutsche und polnische Kunstwissenschaftler lange Zeit vor die Frage seiner eigentlichen Nationalität und entzündeten eine nicht nur wissenschaftlich geführte Debatte mit wechselseitiger Vereinnahmung.

1952 erhielt der strittige Diskurs mit der Entdeckung einer aufschlussreichen Quelle einen neuen Impuls: In den Akten des Krakauer Konsistoriums fand sich eine Quittung aus dem Jahr 1502, die im Kontext einer Schuldforderung Stoß als »*Vitt[us] sculptor[] de Horb*« bezeichnet. Da Stoß' Bruder Mathias urkundlich als »*Schwob*« aus »*Harow*« erwähnt wird, hatten die Forscher bis zu diesem Zeitpunkt auch das Dorf Harro im rumänischen Siebenbürgen als Geburtsort diskutiert. Nun wurde eine deutsche Abstammung wahrscheinlich. Aus mehreren in Frage kommenden Orten mit dem Namen Horb wurde die schwäbische Kleinstadt am Neckar (im Mittelalter auch als Horw oder Horo bezeichnet) als Herkunftsort des Künstlers und seines mit ihm in Krakau tätigen Bruders identifiziert.

Eine glückliche Quellenüberlieferung aus Krakau

Magister Johann von Glogau hatte sich bei dem in Krakau ansässigen Veit Stoß im Zusammenhang mit dem Bau der Bursa Germanica, einer Unterkunft für deutsche Studenten, die in Krakau studierten, mit einem Betrag von 60 Gulden verschuldet. Als Stoß' Umsiedelung nach Nürnberg im Januar 1496 unmittelbar bevorstand und er nicht mehr in der Lage war, sich selbst um die Eintreibung dieser Schuld zu kümmern, ernannte er am 9. Januar 1496 seinen ehemaligen Mitarbeiter Ladislaus Tischer zu seinem Bevollmächtigen vor Ort. Tischer war ein renommierter Tischlermeister, mehrmals Ältester der Krakauer Tischler- und Malerzunft, und wurde von Stoß wohl als vertrauenswürdig eingestuft. Der Schuldner war jedoch säumig, was Ladislaus zusammen mit Veit Stoß' Bruder Mathias 1499 veranlasste, wegen dessen nachlässiger Zahlungsmoral vor dem Krakauer Konsistorium zu klagen. Zur Tilgung der Schuld wurden Stoß drei Jahreseinkünfte aus dessen Universitätskollegiatur zugesprochen. Der Bildschnitzer wird in diesem Zusammenhang als *»cisor imaginum, quondam Cracovie, nunc Norymbergae«* (lat., Bildschnitzer, einst Krakau, nun Nürnberg) erwähnt. Am 13. Mai 1502 schließlich konnte Ladislaus in der Krakauer Kanzlei die vollständig erfolgte Rückzahlung mit einer Quittung beurkunden lassen. Die Nennung von Stoß' Geburtsort Horb ist dem glücklichen Umstand zu verdanken, dass der Kanzleischreiber bei Abfassung des in lateinischer Sprache verfassten Dokuments vom mittlerweile erfolgten Ableben des Gläubigers, der seit sechs Jahren nicht mehr in Krakau ansässig war, ausging. So fügte er zunächst vor Stoß' Vornamen und Gewerbe *»olim«* (lat., einst, ehemalig) ein und hängte statt des momentanen Aufenthaltsortes seinen Geburtsort *»de Horb«* an. Dieser Irrtum wurde wohl von Ladislaus Tischer, noch während das Schriftstück abgefasst wurde, aufgeklärt. Das Adverb *»olim«* vor Stoß' Vornamen wurde vom Schreiber durchgestrichen. Der Geburtsort als gültige Herkunftsangabe der genannten Person blieb bestehen.

Krakau, Konsistorium, Acta Officialia Bd. XXIV, S. 311

Trotz intensiver Recherche tauchte bis heute in den überlieferten Horber Urkunden im in Frage kommenden Zeitraum der Familienname Stoß nicht auf, eine gleichnamige Familie war jedoch im nahen Ravensburg ansässig. Es lohnt sich, auf die relativ gut dokumentierten Verwandtschaftsbeziehungen der Ravensburger Familie Stoß näher einzugehen, denn sie zeigen einige Übereinstimmungen mit den zu Veit Stoß überlieferten Informationen. Ein Ulrich Stoß der Ältere († zwischen 1449 und 1453) aus ratsfähigem Geschlecht war Mitgesellschafter der erfolgreichen Ravensburger Handelsgesellschaft »Magna Societas Alemannorum«, die, 1380 gegründet, vor allem im Osthandel tätig war. 1438 wurde er zum Faktor der Breslauer Niederlassung der Ravensburger Handelsgesellschaft der Humpiß ernannt. Er ehelichte ein Jahr später Anna, eine nahe Verwandte der Ehefrau des dort ansässigen Kaufmanns Albrecht III. Scheurl aus dem schwäbischen Lauingen. Scheurl fungierte zu diesem Zeitpunkt als Faktor der großen Nürnberger Handelsgesellschaft der Gruber-Stromer, machte sich später sehr erfolgreich selbstständig und konnte ein großes Vermögen erwirtschaften. Bereits als Kind übersiedelte sein Sohn Christoph I. Scheurl nach Nürnberg und heiratete dort 1480 in das ratsfähige Geschlecht der Tucher ein. In Veit Stoß' Biografie zeigen sich mit seinen beiden Lebensmittelpunkten Krakau und Nürnberg deutliche Berührungspunkte zu den gen Osten gerichteten Ravensburger Handelsbeziehungen und zur fränkischen Reichsstadt. Zudem sollte sich der angesehene Nürnberger Kaufmann Christoph I. Scheurl dem Bildschnitzer in einer späteren schwierigen Lebensphase als loyaler Beistand erweisen.

Ulrich Stoß' Enkel waren die Brüder Peter († nach 1533) und Antoni Stoß (†1537/38), die beide unter Kaiser Maximilian I. und seinem Nachfolger mit dem Amt eines kaiserlichen Sekretärs betraut waren und vom ihm geadelt wurden. Diese beiden könnten in einem 1562 datierten, für Veit Stoß' Sohn Willibald ausgestellten kaiserlichen Adelsbrief gemeint gewesen sein, in dem verdienstvolle »Voreltern« im Rang kaiserlicher Sekretäre erwähnt werden. Dass Ulrich Stoß ein naher Verwandter von Veit, altersmäßig vielleicht sogar ein Onkel gewesen sein könnte, rückt angesichts weiterer Übereinstimmungen in greifbare Nähe. Stoß' Verbindungen zum kaiserlichen Hof sollten ihm zu späterer Zeit jedenfalls nicht nur bei der Akquise von Aufträgen von großer Hilfe sein.

Über diese vermutete weitere Herkunftsfamilie der Brüder Veit und Mathias Stoß hinaus fehlen bis heute jedoch der konkrete archivalische Nachweis der Eltern sowie des Geburtsjahres des Bildschnitzers. Möglich wäre, dass der Familienname des Vaters, wie es Mitte des 15. Jhs. noch üblich war, durch eine Berufsbezeichnung – ein Klaus Goldschmied erscheint in den Horber Akten – ersetzt worden ist. Mathias, Stoß' Bruder, übte dieses Handwerk aus. Eine erste Kurzvita von Veit Stoß in den 1547 von dem Nürnberger Schreib- und Rechenmeister Johann Neudörffer (1497–1563) verfassten *»Nachrichten von den vornehmsten Künstlern und Werkleuten, so innerhalb von hundert Jahren in Nürnberg gelebt haben«* (vgl. Kasten S. 97), vermerkt sein Todesalter mit 95 Jahren. Gesichert ist sein im Totengeläutbuch von St. Sebald vermerktes Todesjahr 1533. Damit würde seine Geburt in das Jahr 1438 fallen. Auch wenn Neudörffer die Echtheit seiner Angabe mit seiner persönlichen Bekanntschaft mit dem Bildschnitzer untermauert, scheint dieses frühe Geburtsjahr im Abgleich mit späteren, gesicherten Lebensdaten fraglich. Unter anderem wäre Stoß bei der Geburt seines jüngsten Sohnes Martin

78 Jahre alt gewesen. Da Neudörffers Schrift sich vor allem auf das Spätwerk Stoß' bezieht und auch nachweislich falsche Angaben wie dessen Herkunft aus Krakau enthält, muss sie auch bezüglich des Todesalters hinterfragt werden. Vielleicht wollte Neudörffer mit einem extrem hoch angesetzten Lebensalter nur betonen, dass Stoß nach damaliger Vorstellung sehr alt wurde. Eine weitere Quelle, die *»Historische Nachricht von den Nürnbergischen Mathematicis und Künstlern«* von Johann Gabriel Doppelmayr aus dem Jahr 1730, nennt das Geburtsjahr 1447. Heute herrscht wissenschaftlicher Konsens, dass Stoß' Geburtsjahr in den Zeitraum zwischen 1445 und 1450 fallen muss.

HORBER NETZWERK

Abgesehen von seinem Geburtsort ist zu Stoß' drei ersten Lebensjahrzehnten keine weitere Quelle bekannt. Zu seiner Ausbildung als Bildschnitzer und Weiterbildung als Geselle, die in diese Zeit fallen, können jedoch über Vorschriften spätmittelalterlicher Handwerksordnungen, Handwerksgepflogenheiten der Zeit und stilistische Einflüsse, die in seinen ersten gesicherten Werken wirksam werden, stichhaltige Vermutungen zu seinem ersten Lebensabschnitt angestellt werden.

Stadt und Region, in die ein Handwerker des späten Mittelalters hineingeboren wurde, prägten seine Ausbildung. Dass Stoß' Wahl auf eine Bildhauer- oder Bildschnitzerlehre fiel, muss nicht ursächlich im selben väterlichen Handwerk begründet gewesen sein, widerlegen doch Untersuchungen im Rheingebiet des späten Mittelalters einen ausgeprägten Hang zur Berufsvererbung vom Vater auf den Sohn. Förderlich hierfür waren vielmehr das Interesse und die Tauglichkeit für das ausgewählte Handwerk, die ein Lehrling seinem Meister in einer vierwöchigen Probezeit nachweisen musste. Da die für das Kleinstädtchen Horb überlieferten Quellen im in Frage kommenden Zeitraum keinen Bildschnitzer- oder Bildhauermeister als möglichen Lehrherrn aufführen, dürften zur Unterbringung des 13- bis 14-jährigen Knaben in einem auswärtigen Lehrort die Geschäftskontakte und das Netzwerk, das städtische Behörden, ortsansässige Kaufleute und Werkstätten unterhielten, entscheidend gewesen sein.

Das oberschwäbische Landstädtchen Horb bezog im späten Mittelalter seine überregionale Bedeutung aus seiner Funktion als Stützpunkt zweier sich kreuzender Fernhandelsrouten. Es lag verkehrstechnisch günstig am Schnittpunkt der West-Ost-Verbindung vom Oberrhein über Straßburg, Ulm und Augsburg bis nach Italien sowie der Nord-Süd-Route zwischen Pforzheim und dem Schweizer Raum. Neben den typischen Handwerken, die für den Unterhalt des Transportwesens und der Versorgung der Handeltreibenden mit Nahrung und Unterkunft nötig waren, brachten die vor Ort ansässigen Kaufleute ein lokales Produkt, das sogenannte »Horber Tuch«, ein raues, aber preiswertes Wollgewebe, in den überregionalen Handel ein und konnten dieses auch auf weiter entfernten Märkten platzieren. Diese erfolgreiche Strategie ermöglichte den Aufbau überregionaler Handelskontakte von der oberrheinischen Metropole Straßburg bis in die Schweiz. Mit dem Handelsverkehr, der die Stadt durchlief, wird Horb auch Station eines kunstgeschichtlich relevanten Nachrichtenflusses in alle vier Himmelsrichtungen gewesen sein. Reisende Kaufleute und mobile Handwerker sowie die als Ware mitgeführten Kunstwerke und sonstiges künstlerisch bedeutsames Handelsgut dürften die Stadt regelmäßig über die Handelsrouten passiert und die Horber Stadtbevölkerung und damit auch die Familie Stoß über bedeutende Werkstätten und künstlerische Entwicklungen auf dem Laufenden gehalten haben. Insbesondere die beiden Kunstzentren Ulm und Straßburg geraten aufgrund ihrer geografischen Nähe und der von dort ausgehenden, in Stoß' Werk nachvollziehbaren stilistischen Einflüsse in den Fokus.

KUNSTZENTREN ULM UND STRASSBURG

Ulm und Straßburg gehörten neben den Reichsstädten Nürnberg und Augsburg zu den großen Wirtschaftsstandorten Süddeutschlands. Sie fungierten als Netzwerkzentralen und Anziehungspunkte für überregionale Zuwanderung, galten mit ihrem hoch qualifizierten Handwerk als bevorzugte Aus- und

Weiterbildungsorte und bedienten auch weit entfernte Absatzmärkte.

Im für Stoß relevanten Zeitraum seiner Ausbildung zwischen 1460 und 1470 war Ulm das bedeutendste Zentrum der Bildschnitzerei im süddeutschen Raum. Ursächlich hierfür war die intensive Bautätigkeit am Ulmer Münster, die in den ersten Jahrzehnten des 15. Jhs. die Anfertigung des bauplastischen Schmucks und ab den 60er-Jahren die der Innenausstattung mit einem hohen Bedarf an Fachkräften nach sich zog. Als 1427 der Mitte 20-jährige talentierte Bildhauer und -schnitzer Hans Multscher aus der Nähe von Isny im Allgäu Interesse an einer Niederlassung als Meister zeigte, nahm ihn der Rat der Stadt wohlwollend ohne Zahlung von Bürgergeld und steuerfrei auf. Multscher hatte vermutlich sein Handwerk im Hüttenverband bei einem Steinmetzmeister erlernt und konnte Gesellenjahre, die ihn bis in die Niederlande und Burgund führten, vorweisen. Seine Werkstatt, in der in Stein und Holz gearbeitet wurde, bildete den Auftakt der Ulmer Schule mit weitreichendem überregionalem Einfluss. Gleich sein erstes Auftragswerk im Jahr 1429, die Figur des Schmerzensmannes am Westportal des Ulmer Münsters, wirkte stilbildend. Sein Werk stellte eine Synthese aus der bis dahin führenden böhmischen Skulptur in der Parler-Tradition und eines neuen, aus dem Westen kommenden Einflusses der Arbeiten Claus Sluters in Burgund dar. Die eingefahrenen, stilisierten und über Jahrzehnte streng reproduzierten böhmischen Darstellungsformeln wurden von Multscher zugunsten einer lebensnäheren, den Betrachter unmittelbarer ansprechenden Körperbildung verändert. Eingebettet in einen geschlossenen Umriss bei einer weiter wirksamen Verhaltenheit der Figuren, entfalten sie durch Körper- und Kopfhaltung, Mimik und einen körpernah modellierten Faltenwurf eine neue reale Präsenz. Multschers Werkstatt als begehrter Ausbildungsort dürfte Anziehungspunkt für Bildschnitzer-Lehrlinge aus dem ganzen schwäbischen Raum gewesen sein.

Straßburg hatte seine führende Position aus seiner Bedeutung als wichtige Handelsdrehscheibe heraus erlangt; hier kreuzte sich die Rheinroute, die aus Italien in die Niederlande führte, mit dem Handelsweg, der aus Ost- und Mitteleuropa in den französischen Raum hinein zielte. Über diese beiden Achsen gelangten ab Mitte des 15. Jhs. neue künstlerische Einflüsse in die elsässische Kunstmetropole. Der bereits bei Multscher wirksame Einfluss des burgundischen Künstlers Claus Sluter war in der niederländischen Bildhauerei des zweiten Viertels des 15. Jhs. weiter entwickelt worden und kulminierte nun in einer Künstlerpersönlichkeit, die die nachfolgende Skulptur nachhaltig prägen sollte: In der des niederländischen Bildhauers und -schnitzers Niclas Gerhaert van Leyden. Die Frühzeit dieses Künstlers liegt im Dunkeln. Wie auch bei Stoß muss die Herkunftsbezeichnung, die er als Anhängsel an seinem Namen führte, nicht mit seinem tatsächlichen Geburtsort identisch sein. Niclas Gerhaert arbeitete ab dem Jahr 1463 in Straßburg, wo er bereits auf dem Höhepunkt seiner künstlerischen Entwicklung stand. Nach einem nur vierjährigen Aufenthalt in der Stadt, von der aus er ein Absatzgebiet bis nach Konstanz und Nördlingen bediente, war er ab 1467 in Wien tätig. Hier arbeitete er an einem Grabmal für Kaiser Friedrich III. und verstarb bereits 1473. Gerhaert löste seine Skulpturen aus der tradierten, zylindrisch kompakten Silhouette heraus und ließ sie nun unter Einsatz von Armen, Beinen und dynamisch verselbstständigten Faltenwürfen in den Raum ausgreifen. Mit der Verwendung von kulturell verankerter Gestik und individualisierten und psychologisierten Physiognomien erhöhte er den Erzählwert und damit die Unmittelbarkeit der Figuren zum Betrachter. Von seinen Zeitgenossen rezipiert wurde auch seine Sensibilität in der Oberflächengestaltung, insbesondere der menschlichen Haut.

REKONSTRUKTION DER LEHR- UND GESELLENJAHRE

Die zahlreichen Geschäftskontakte seiner Geburtsstadt, die sich im Einzugsgebiet der oberrheinischen Kunstmetropole Straßburg und dem schwäbischen Ulm befand, dürften dem jungen Horber Veit Stoß und seinen Eltern in seinem beruflichen Orientierungsprozess wichtige Entscheidungshilfe gegeben haben. Eine Lehrzeit in einer Werkstatt, die sowohl in der Holz- als auch Steinbearbeitung tätig war und im räumlichen Umfeld von Horb bis hin zum von Multscher dominierten Ulm lag, scheint für Stoß am wahrscheinlichsten. Die Anziehungskraft Gerhaerts in Straßburg setzte erst später, um das Jahr 1465 ein. Auch die Bauhütten des Ulmer, Straßburger und Konstanzer Münsters unter dort tätigen Steinmetzmeistern wären als Lehrstätten denkbar, führt Stoß doch als Meisterzeichen eine Signatur, wie sie in ihrer grafischen Ausformung für die Steinmetze einer Bauhütte üblich war (s. Buchrückseite). Dort könnte er sich auch die später in Krakau und Nürnberg dokumentierten Kenntnisse als Baumeister angeeignet haben. Obwohl die Entfernung von Horb nach Ulm mit 110 km groß erscheint, war ein Einzugsgebiet spätmittelalterlicher Werkstätten mit einem Radius von 100 km und darüber hinaus im Rheingebiet für Lehrlinge durchaus üblich. Insbesondere aus dem ländlichen Raum wurden die angehenden Lehrlinge in die entfernten zentralen Wirtschaftsstandorte vermittelt.

Während oder eher nach seiner Lehrzeit und vor seiner Ankunft in Nürnberg kam der junge Bildschnitzer Stoß mit niederländisch-oberrheinischer Skulptur, insbesondere mit dem Werk von Niclas Gerhaert van Leyden, in direkte Berührung. Die heute noch erhaltenen Arbeiten Gerhaerts, die Stoß in seinen Werken offensichtlich rezipierte, geben eine fiktive Wanderroute auf einer Ostachse, von Straßburg ausgehend, mit den Zielen Baden-Baden und Nördlingen, einem Abstecher nach Konstanz bis Wien vor. Ob Stoß als Mitarbeiter der Werkstatt des Bildschnitzers Gerhaert angehört und bei der Anfertigung einzelner Werke mitgewirkt, dem niederländischen Meister von Straßburg aus auf dieser Route gefolgt oder sich flexibel bewegt hat, muss allerdings offen bleiben. Eine Aneignung der Gerhaertschen Gestaltungsprinzipien alleine über Nachzeichnungen scheidet aufgrund der Intensität der Auseinandersetzung aus. Das Todesjahr Gerhaerts 1473 könnte ein Grund für Stoß gewesen sein, nun die Selbstständigkeit anzustreben.

»Was ich nicht hab erlernt, das hab ich erwandert«

Spätestens aus dem letzten Viertel des 14. Jhs. sind aus allen Teilen Deutschlands Handwerkerordnungen bekannt, die Bestimmungen zur Gesellenwanderung enthalten. Zunächst wurde sie in das Belieben der Gesellen selbst gestellt, ab dem 16. Jh. jedoch zur Pflicht. War das Ende der drei- bis vierjährigen Lehrzeit erreicht, wurde der Lehrling losgesprochen und offiziell in den Gesellenstand aufgenommen. Dann konnte er die Stadt verlassen. In der Regel waren die jungen Männer zwischen drei und vier Jahre unterwegs. Die wirtschaftliche und politische Ausrichtung der Regionen, Sprachbarrieren, geomorphologische Gegebenheiten, aber auch unterschiedliche Zunftordnungen bildeten für viele Handwerke eine natürliche Begrenzung des Wandergebietes.

Die zurückgelegte Strecke war je nach Handwerk unterschiedlich: Wanderten Bäcker am Mittelrhein im Durchschnitt im 60 km-Radius um ihren Herkunftsort, ist für Maler und Bildhauer eine weiträumige, Hunderte von Kilometern umfassende Route anzunehmen, die sie in attraktive Kunstzentren, in Werkstätten bedeutender Meister und an Standorte wichtiger Kunstwerke führte.

Vor Ort eingetroffen, wurden die Gesellen in der Regel von den Gesellenvereinigungen oder – in Kleinstädten ohne Zünfte – von den ortsansässigen Meistern betreut. Der erste Weg in einer fremden Stadt führte in die Gesellenherberge, wo sie Obdach für eine Nacht und einen Zehrpfennig erhielten. Dann wurde der Fremde von einem heimischen Zuschickgesellen in Empfang genommen, der ihn von Werkstatt zu Werkstatt führte, um ihm Arbeit zu vermitteln. Hatte ein Meister Bedarf, wurde ein Vertrag geschlossen, der je nach Arbeitsanfall kurz bemessen, aber auch langfristig sein konnte. Wenn die Suche erfolglos war, wurde der Geselle nach einem Umtrunk bis ans Stadttor gebracht und wieder verabschiedet.

Waren die Gründe für die Einführung der Wanderjahre und später sogar eines Wanderzwanges zunächst Arbeitsmangel in den Städten und Verdrängen von Konkurrenz, so erwiesen sich doch die Erfahrungen der Wanderschaft für die Gesellen oft als gewinnbringend. Die Lerneffekte, die von der Aneignung neuer Arbeitsweisen und Qualitätsstandards bis zum Kennenlernen neuer Produktformen und Modetrends führte, wurden durch Horizonterweiterung und Vielseitigkeit ergänzt. Aber auch für die ortsansässigen Meister konnte das Know-how zugewanderter Gesellen profitabel sein. Langfristigen Nutzen erzielte das Handwerk der Maler und Bildhauer auf der Wanderschaft durch die Anreicherung ihrer Musterbücher, die in der Regel Zeichnungen und Skizzen der unterwegs aufgenommenen Vorbilder sowie druckgrafische Blätter enthielten. Nach der Rückkehr oder Niederlassung als Meister wurden diese in die bestehenden, tradierten Vorlagenbücher der Werkstätten integriert und in ihrer Aktualität zum wertvollen grundlegenden Material, auf das bei Bedarf zurückgegriffen und das weiterentwickelt werden konnte.

Eine zweite, zusätzliche und westlich ausgerichtete Wanderroute Stoß' nach Köln und Flandern oder nach Burgund in die Zentren der altniederländischen Malerei um Robert Campin und Rogier van der Weyden muss ebenfalls erwogen werden. Im belgischen Löwen befand sich beispielsweise in der zweiten Hälfte des 15. Jhs. ein Hauptwerk der altniederländischen Malerei, das Rogier van der Weyden zugeschrieben wird. Auf der Kreuzabnahme der Mitteltafel des Triptychons (Museo del Prado, Madrid) ist eine Figur zu sehen, die Stoß aus direkter Anschauung bekannt gewesen sein könnte, da ihre außergewöhnlich dramatische Körperhaltung in seinem Krakauer Marienaltar wiederkehrt. Die Kenntnis einzelner Werke der niederländischen Malerei mit ihren vorbildhaften Motiven und ikonografischen Formeln mag aber auch über Kopien und Nachzeichnungen der von den Zeitgenossen äußerst geschätzten Werke erfolgt sein. Die Übernahme aus der Malerei insbesondere in das Relief war leicht zu bewerkstelligen.

Stoß' Musterbücher, die er während seiner Lehrzeit und auf seinen weiten Reisen mit Zeichnungen gefüllt und die er auch mit grafischen Blättern bedeutender zeitgenössischer Kupferstecher – wie solche der beiden am Oberrhein tätigen Stecher Meister E.S. und des frühen Martin Schongauer – bestückt haben dürfte, lieferten ihm ein hochaktuelles Formen- und Motivrepertoire, das er vermutlich bereits nach seiner Wanderzeit in Nürnberg und deutlich nach seiner Ankunft in Krakau in seinen eigenen Werken umsetzte und weiterentwickelte.

2 Wahlheimat Nürnberg

»QUASI CENTRUM EUROPAE«

Für den Anfang 20-jährigen Veit Stoß scheint Nürnberg in den frühen 1470er-Jahren der Endpunkt einer mehrjährigen Gesellenwanderung gewesen zu sein. Da er nun umfangreiche Erfahrungen in den für sein Handwerk relevanten Hochburgen und Werkstätten erworben hatte und auch altersmäßig eine Niederlassung als Meister angelegen war, wird sein Kurs auf die Reichsstadt der Erkundung seiner beruflichen Chancen vor Ort gegolten haben. Nürnberg präsentierte sich zu diesem Zeitpunkt als aufblühender Wirtschaftsstandort.

Dem Aufstieg der Stadt zur Handelsmetropole des späten 15. Jhs. ging ein langwieriger Entwicklungsprozess voraus: Fehlende Bodenschätze, ein nicht für den Transport von Gütern tauglicher Fluss und eingeschränkte landwirtschaftliche Ertragskraft des Nürnberger Umlandes bildeten die bescheidene Ausgangssituation städtischer Entwicklung im 13. Jh. Bereits im Großen Freiheitsbrief, mit dem der Staufer-Kaiser Friedrich II. im Jahr 1219 die Stadt bedachte, wurden als Grund für die Förderung explizit die kargen Böden der Umgebung genannt, die als Ernährungsgrundlage für eine Stadt ungünstig seien und deren Nachteil mit zahlreichen Handelsprivilegien ausgeglichen werden sollte. Die vor allem durch Zollfreiheiten gewährte kaiserliche Unterstützung war jedoch nicht uneigennützig und auf eine Gegenleistung hin angelegt: Die gleichzeitige Verleihung von Reichsunmittelbarkeit und steuerlicher Selbstverwaltung als wirtschaftspolitische Maßnahme versprachen Friedrich II. wachsende Steuereinnahmen. Die Rechnung zahlte sich offensichtlich für beide Seiten aus. Die kaiserlichen Gunstbezeugungen gegenüber der expandierenden Stadt rissen auch im 14. Jh. nicht ab: Die Kaiser Ludwig der Bayer (um 1282–1347) und Karl IV. (1316–1378) erneuerten die Privilegien und weiteten sie aus.

Zusammen mit der verkehrstechnisch günstigen Lage Nürnbergs erwiesen sie sich als vitaler Motor städtischen Wachstums: Die wichtigsten, ganz Europa durchziehenden

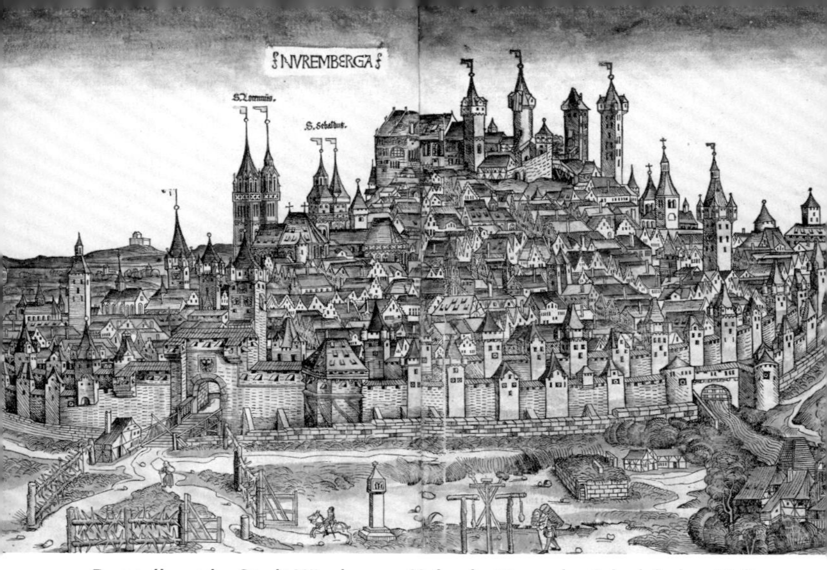

Darstellung der Stadt Nürnberg. – Holzschnitt aus der Schedelschen Weltchronik, Nürnberg 1493

Handelsrouten führten durch die zentral gelegene Stadt und machten sie nach und nach zum internationalen Warenumschlagplatz. Von hier aus konnte vor allem das ab dem 13. Jh. erschlossene gewaltige östliche Hinterland des Heiligen Römischen Reiches mit Ungarn, Böhmen, Sachsen, Pommern, Schlesien und dem Baltikum bedient werden. Neben der Versorgung der städtischen Bevölkerung und dem Fernhandel mit Gewürzen, Luxuswaren und Textilien entwickelten die gewitzten Nürnberger Kaufleute und Unternehmer mit dem Ziel der stetigen Optimierung der städtischen Wirtschaftskraft im Laufe der Jahrhunderte einen einträglichen Produktionsschwerpunkt: Sie griffen vor allem Schwermetalle wie Eisen und Kupfer sowie Galmei zur Herstellung von Messingwaren von den Handelsstraßen ab und ließen diese über ein von ihnen kontrolliertes und gefördertes metallverarbeitendes Handwerk veredeln. Die qualitätvollen, in großen Mengen hergestellten und damit preisgünstigen Endprodukte der technisch versierten Handwerker wurden ertragreich über dieselben Handelswege

Handwerkeraufstand und Zunftverbot in Nürnberg

Mit der wachsenden Bedeutung der Handwerke als Wirtschaftsfaktor in den hochmittelalterlichen Städten stiegen deren Selbstbewusstsein und das Verlangen nach wirtschaftlicher und gewerbepolitischer Mitbestimmung und Interessensvertretung. Über den Verbund der einzelnen Handwerke in Zünften, die ihre Mitglieder über Ordnungen regulierten, schützen und vertraten, sollte dieses Mitspracherecht in städtischem Regiment und Verwaltung ausgeübt werden. Die städtischen Führungsschichten reagierten auf diesen drohenden Machtverlust mit strikter Überwachung des Handwerks und sogar dem Verbot von Zünften. Die meisten Städte konnten die Bewegung jedoch trotz des repressiven Vorgehens langfristig nicht unterbinden: Es etablierten sich erfolgreich Zünfte, die sich ihren Einfluss in einer Zunftverfassung dokumentieren ließen.

Die Nürnberger Handwerker, die 50 % der städtischen Bevölkerung ausmachten, standen unter Herrschaft und Kontrolle eines sich aus wenigen Familien rekrutierenden patrizischen Rates. Die Träger der Zunftbewegung, die vor allem aus den wohlhabenden Handwerken der metallverarbeitenden Berufe und aus der Kaufmannschaft kamen, wollten den Ausschluss aus der Stadtregierung durch das Patriziat nicht länger hinnehmen. Sie probten den Aufstand 1348/49. Angefacht wurde die Auseinandersetzung durch eine reichspolitische Komponente. Anhaltende Thronstreitigkeiten um die Gegenkönige Ludwig den Bayern und den vom Papst unterstützten Karl IV. brachten die Aufrührer noch heftiger gegen den Rat auf. Erstere erwiesen dem 1347 verstorbenen Wittelsbacher, der sich der Stadt mit zahlreichen Privilegien sehr gewogen gezeigt hatte, die Treue und verbündeten sich mit den Gegnern Karls IV. Ein großer Teil des Patriziats schlug sich dagegen schon kurz nach der Machtübernahme Karls IV. aus wirtschaftspolitischen Erwägungen auf die Seite des Luxemburgers, der die Stadt als wichtiges Etappenziel auf der Achse von Luxemburg nach Prag ausbauen wollte. Einem 16 Monate währenden Interimssieg des »Aufruhrrates« folgte 1349 eine militärische Intervention Karls IV., die zur Kapitulation des Zunftregimes führte. Folge war ein Zunftverbot durch das wieder eingesetzte patrizische Regiment. Alle Aufrührer mussten die Stadt verlassen.

Die für die wirtschaftliche Entwicklung der Stadt maßgeblichen, vor allem metallverarbeitenden Handwerke wurden nach einer langwierigen rigiden Gewerbereform ab 1470 einer städtischen Behörde, dem Rugamt, unterstellt und als »geschworen« bezeichnet. Unter der Oberinstanz von fünf patrizischen Rugherren, die wie Zunftmeister agierten, wurde deren Organisation überwacht und ihre Disziplinierung vorgenommen. Zur fachkompetenten Überwachung der Qualität der Erzeugnisse und der Werkstätten wurden als Kontrollorgan die sogenannten »geschworenen« Meister eingeführt, die aus den Handwerken rekrutiert wurden.

als Nürnberger Wertarbeit weitervertrieben. Das seit dem 15. Jh. belegte Sprichwort »Nürnberger Hand [im 19. Jh. wurde daraus »Tand«] geht durch alle Land« spielt auf diesen Umstand an.

Als der in Ungarn lebende Regiomontanus, der bekannteste Astronom und Mathematiker seiner Zeit, im Jahr 1471 nach einem geeigneten Standort für die Realisierung seiner wissenschaftlichen Arbeit suchte, fiel seine Wahl auf Nürnberg. Hier konnten die auf Metallverarbeitung spezialisierten Handwerker die Herstellung seiner neu entwickelten astronomischen Geräte übernehmen, es bestand über die Handelsrouten ein funktionsfähiges, schnelles Kommunikationsnetz zum Austausch von Nachrichten mit anderen Wissenschaftlern, und vor Ort ansässige Verlage konnten den Druck seiner Schriften durchführen. Die fränkische Metropole bot – wie er es in einem Brief an seinen Freund, den Rektor der Erfurter Universität, ausdrückte – ob ihrer Weltläufigkeit als »*quasi centrum europae*« den idealen Entfaltungsraum für ihn.

ERWERB DES BÜRGERRECHTS

Veit Stoß' unternehmerisches Kalkül ist zeit seines Lebens ein wichtiges Charakteristikum seiner Person. Deshalb ist es nicht abwegig zu überlegen, welche ökonomischen Grundbedingungen für ihn am anvisierten Niederlassungsort als Meister gegeben sein mussten: ein finanzkräftiger, stiftungsfreudiger Auftraggeberkreis als Basis für eine auskömmliche Beschäftigungslage, ein überregionaler Absatzmarkt, den man von dort aus über ein dichtes Handelsnetzwerk bedienen konnte, und eine überschaubare Konkurrenz im eigenen Handwerk. Alle diese Kriterien waren in der Reichsstadt erfüllt. Der neuartige, von Stoß vertretene oberrheinische Stil, der sich in dieser Zeit sukzessive in ganz Süddeutschland durchsetzte, dürfte ihm im Wettbewerb mit den Bildschnitzern am Ort, die noch vom böhmischen Parler-Stil und dem der Ulmer Multscher-Werkstatt geprägt waren, einen entscheidenden Vorteil verschafft haben. Beratung, Entscheidungshilfe für diese Standortwahl und vielleicht sogar tatkräftige Unterstützung in der Stadt könnte Stoß vom Ravensburger Familienzweig und dessen Verwandtschaft, den Nürnberger Scheurl, erhalten haben. Die ortsansässigen Kaufleute könnten die Marktsituation für Stoß' Handwerk vorab eruiert und für ihn geworben haben. Da sich in der Handelsmetropole gute Entwicklungsmöglichkeiten boten und sein Auskommen gesichert war, war für den aufstrebenden Stoß in dieser Lebensphase der Standort Nürnberg ideal.

Auch aus der Sicht des Nürnberger Rates muss der gut ausgebildete, talentierte Stoß, der neue Ideen und Anregungen von seiner Gesellenwanderung mitbrachte, ein interessanter Neuankömmling gewesen sein. In den »geschworenen«, für das wirtschaftliche Fortkommen der Stadt bedeutenden Handwerken unterband der Rat eine Konkurrenzsituation zwischen Meistern mit einer zahlenmäßigen Begrenzung der Werkstätten und der dort Beschäftigten und wies von auswärts kommende Neumeister konsequent ab. Die Neuansiedelung in den

Einbürgerung in der Reichsstadt Nürnberg
Das Einbürgerungsprozedere der Reichsstadt Nürnberg der Jahre 1382 bis 1467 sah vor, dass jeweils am Walpurgistag (1. Mai) des Jahres alle bewilligten Antragsteller der vergangenen zwölf Monate durch einen Ratsausschuss in eine der beiden von der Stadt geführten Neubürgerlisten aufgenommen wurden. Dem offiziellen Akt ging die Zahlung des sogenannten Bürgergeldes voraus, das in seiner Höhe die finanzielle Leistungskraft des Neubürgers spiegelte. Wohlhabende Antragsteller, die imstande waren, den zehn Gulden betragenden Höchstsatz zu entrichten, wurden in die »Pergamentene« Neubürgerliste aufgenommen. Ihnen stand damit Niederlassungsfreiheit im gesamten Stadtgebiet zu, auch in den inneren, bevorzugten Stadtvierteln. Der Rest der Neubürger, die oft aus dem Handwerkerstand kamen und deren Bürgergeld entsprechend geringer ausfiel, war mit der Aufnahme in die »Papierne« Liste eine fünfjährige Residenzpflicht in der Vorstadt auferlegt, bevor ihnen die Erlaubnis zum Zuzug ins Zentrum der Stadt erteilt wurde.
Im Jahr 1467 änderte die Reichsstadt Nürnberg ihre diesbezügliche Vorgehensweise und lagerte die Einbürgerung an die Steuerbehörde aus. Die Differenzierung des Bürgergeldes nach eingebrachtem Vermögen und damit die Eintragung in die jeweilige Listenart war weiter wirksam, jedoch scheint sich die eingeschränkte Standortwahl für die Stadt als nachteilig erwiesen zu haben und wurde gestrichen. Zudem erfolgte die Einbürgerung nun sukzessive im Jahresverlauf über die Entrichtung des Bürgergelds bei gleichzeitigem Eintrag in die Steuerlisten durch die städtischen Finanzbeamten. An zwei bis drei Terminen im Jahr wurden die Namen dann aus den Steuerlisten herausgefiltert und in die Neubürgerlisten übertragen. Bei dieser komplexeren Vorgehensweise wurden gelegentlich Namen von Neubürgern übersehen.

»freien Künsten« hingegen, zu denen Maler und Bildhauer gehörten, war zur Belebung des heimischen Marktes erleichtert und wurde gelegentlich sogar aktiv gefördert. Eine rigide Wettbewerbsbeschränkung wäre für die Produktivität und Weiterentwicklung der Werkstätten und damit der städtischen Wirtschaft kontraproduktiv gewesen. Die Anzahl der Werkstätten regelte sich am Markt gemäß der Nachfrage. Bei einem bestehenden Mangel an Fachhandwerkern in Stoß' Gewerbe oder dem Nachweis besonderer Exzellenz könnte ihm das Bürgergeld sogar erlassen worden sein.

Wann Stoß die Entscheidung traf, sich in Nürnberg als Meister niederzulassen, das Bürgerrecht der Reichsstadt beantragte und erhielt, ist aufgrund des Fehlens seines Namens in den »Papiernen« Neubürgerlisten nicht mehr nachvollziehbar.

HEIRAT UND MEISTERRECHT

Als »freie Künste« wurden von jedermann frei auszuübende handwerkliche Fertigkeiten bezeichnet, die nicht in jedem Fall eine solide Ausbildung voraussetzten. Das bedeutete aber nicht, dass sich diese völlig unreglementiert in der Stadt entfalten konnten. Da sie zahlenmäßig eher gering vertreten waren und ihre Organisation und Disziplinierung daher flexibler gehandhabt werden konnten, unterstanden sie direkt dem Rat als Kontrollinstanz und verfügten über keine schriftlich fixierten Handwerkerordnungen. Somit sind auch eventuelle Vorschriften zum Erwerb des Meisterrechts oder zur Führung des Meistertitels für Bildschnitzer nicht überliefert. Weder ist bekannt, wie niederlassungswillige Gesellen das Meisterrecht erwarben, noch ob ihnen eine Warte- oder Bewährungszeit auferlegt wurde oder wie der Nachweis ihrer handwerklichen Fähigkeiten gegebenenfalls in Form eines Probestücks erfolgte. Auch ob ein Mindestvermögen verlangt und eine Meistergebühr erhoben wurde, ist unklar. Davon auszugehen ist jedoch, dass es auch für die freien Künste ein Gewohnheitsrecht gab, das Vorschriften zu Ausbildung, Gesellenjahren und Meisterrecht – schon unter dem Aspekt der Qualitätssicherung Nürnberger Waren – beinhaltete.

Eine bei den »geschworenen« Handwerken zentrale Vorschrift für die Niederlassung als Meister war die Verheiratung, denn zur erfolgreichen Führung einer Werkstatt leistete die Meistersfrau einen wesentlichen Beitrag. Sie übernahm vielfältige Aufgaben wie die Mitarbeit im Betrieb, die Regelung der häuslichen Finanzen und vor allem die Organisation der Hausgemeinschaft, zu der neben der Meisterfamilie selbst alle im Haus tätigen Personen samt Lehrlingen und Gesellen gehörten. Eingeschlossen war neben Unterbringung und Versorgung der einzelnen Mitglieder gemeinsam mit dem Meister auch die Aufsicht über deren sittliches Verhalten.

Eine Eheschließung mit einer verwitweten Meistersfrau, die das Recht auf Fortführung der Werkstatt besaß, oder die Heirat mit einer Meisterstochter, die Aussicht auf eine solche hatte, stellte für einen Gesellen einen rechtlichen und ökonomischen Glücksfall dar und war für die Gewerbepolitik der Städte von hoher Bedeutung. Die statistische Auswertung von spätmittelalterlichen Einbürgerungslisten aus Straßburg zeigt, dass diese Okkasion dort und vermutlich auch in anderen Städten gerne wahrgenommen wurde: Zwischen 30 und 40 % der Einbürgerungen resultierten aus Eheschließungen von Bürgerstöchtern mit fremden Gesellen, deren Handwerk zudem oft mit dem des Brautvaters übereinstimmte.

Veit Stoß beschritt einen anderen, jedoch ebenso lukrativen Weg. Er dürfte seine zukünftige Ehefrau Barbara nicht in der Werkstatt eines Meisters, sondern im öffentlichen Wirtshaus kennengelernt haben. Sie war die Tochter des vermögenden Gastwirtes Ulrich Hertz. Dieser führte das gut gehende Gasthaus »Zur guldin Gans« in der Winklerstraße 15, in bester Lage nahe dem Hauptmarkt. Bei der Werbung um die junge Frau, die eine erkleckliche Aussteuer mit in die Ehe eingebracht haben dürfte, müssen die erfolgversprechenden beruflichen Perspektiven des Bildschnitzers und vielleicht sogar sein familiärer Hintergrund ausschlaggebend gewesen sein. Sonst wäre die väterliche Zustimmung nicht erfolgt.

Wann die Hochzeit des Paares genau stattgefunden hat, ist unbekannt, jedoch sprechen gravierende Argumente für einen

Zeitpunkt einige Jahre vor 1477. Für dieses Jahr liegen nämlich die zwei ersten urkundlichen Erwähnungen zur Person des Veit Stoß vor, die eine mehrjährige Ehe voraussetzen: Im Nürnberger Amts- und Standbuch für das Jahr wird der Ausbürgerung Stoß' und seiner Frau aus der Reichsstadt Nürnberg stattgegeben. Grund dafür war die Übernahme eines Großauftrags, die Anfertigung des Marienaltars in der polnischen Hauptstadt Krakau. In dessen Stiftungsurkunde ist erwähnt, dass Stoß im Mai 1477 seine Arbeit vor Ort aufnahm. Zu diesem Zeitpunkt muss er also bereits ein bewährter Bildschnitzermeister gewesen sein, der Arbeiten vorweisen konnte, die für seine fachliche Kompetenz sowie die Befähigung zur Leitung einer Werkstatt sprachen. Ein sehr gutes Renommee im seinem Handwerk ist als ein vorrangiges Entscheidungskriterium der Krakauer Auftraggeber anzunehmen. Vor der Führung des Meistertitels in Nürnberg ist jedoch mit großer Wahrscheinlichkeit die Eheschließung anzunehmen.

Auf eine Rückdatierung der Heirat von Barbara und Veit Stoß weisen auch die Verhandlungen und Vorarbeiten hin, die für den Krakauer Altar durchgeführt werden mussten. Das Verfahren zur und nach der Auftragsvergabe bis zum Zeitpunkt der Ankunft in der polnischen Hauptstadt dürfte einige Zeit gekostet haben. Eine Reise nach Krakau zur Inaugenscheinnahme des Altarstandortes, die Anfertigung des zeichnerischen Entwurfs (Visierung) des Altarwerks und vielleicht sogar zweier kleiner, heute im Altar verbauter Flachreliefs als Probestücke gehörten dazu. Auch eine Kostenschätzung des Bildschnitzers, angefertigt vor Ort, und die Auswahl der für die Schnitzarbeiten benötigten Lindenbäume in den Krakauer Wäldern ist anzunehmen. Der Bildschnitzer nahm, wie spätere Quellen bestätigen, die Auswahl und Beurteilung der Stämme auf ihre Eignung hin in der Regel selbst vor. Diese Vorplanungen werden Stoß mindestens im Jahr vor seinem Wegzug intensiv beschäftigt haben. Eine Vordatierung der Eheschließung um das Jahr 1475 scheint plausibel. Der reiche Kindersegen setzte freilich für das Paar erst nach der Ankunft in Krakau ein.

Den offiziellen Antrag auf Ausbürgerung muss Stoß dann bereits zu Jahresbeginn 1477 gestellt haben. Nach der Erfüllung vor allem steuerlicher Auflagen gab der Rat seinem Gesuch statt und vermerkte den Vorgang offiziell in seinen Akten. Das Stadtrecht sah vor, dass der ausgebürgerte Stoß dann innerhalb von 14 Tagen mit seiner Ehefrau die Stadt verlassen musste.

HANDWERKLICHES RENOMMEE VERSUS FEHLENDES FRÜHWERK

Bis zu Stoß' Wegzug aus Nürnberg ist kein Bildwerk überliefert, das seine Führungsposition in der Nürnberger Skulptur der späten 1470er-Jahre aufzeigen und damit die Auftragsvergabe für das Krakauer Altarwerk erklären könnte. Eine mögliche Ursache dafür mag in der Stiftungsfreudigkeit des Nürnberger Patriziats gegen Ende des 15. Jhs. gelegen haben, die zu Ersatz und Erneuerung vieler älterer Altäre in den dortigen Kirchen führte. Jedoch vermerkt auch keine schriftliche Quelle Aufträge für heute verlorene Bildwerke an ihn. Der Widerspruch zwischen den für die Krakauer Auftraggeber offensichtlich von Stoß vorgelegten Arbeiten und dem Fehlen jeglichen Nachweises dafür kann nicht aufgelöst werden. Oder hielt sich die Anzahl der dem Krakauer Altar vorausgehenden Stoß'schen Werke in Grenzen und zählten vor allem seine aktuellen oberrheinischen Erfahrungen? Konnten die Förderung und Fürsprache durch seine angesehene Familie mit exzellenten Geschäftskontakten nach Nürnberg und in den Osten zum Teil als Ersatz für einen umfangreichen Nachweis handwerklicher Meisterschaft dienen? Die enge Verquickung der schwäbischen und Nürnberger Handelsgesellschaften mit ihren Niederlassungen in und verwandtschaftliche Beziehungen nach Krakau legt diese Vermutung nahe.

Ein letzter Gedanke zu möglichen Beweggründen für die Abwanderung des Veit Stoß aus Nürnberg soll hier noch vorgebracht werden. Es ist eingängig, dass der Krakauer Auftrag für ihn eine stabile finanzielle Absicherung im langjährigen Anfertigungszeitraum des Altars darstellte. Sein Auskommen, das einer wachsenden Familie und seiner Werkstattmitarbeiter war damit gesichert. Bestechend wird für Stoß aber die Möglichkeit gewesen sein, erstmalig sein gesamtes handwerkliches Können abzurufen und vor allem öffentlichkeitswirksam zu präsentieren. Die urkundlichen Quellen zu den Nürnberger Usancen zur Auftragsvergabe von Flügelaltären zeigen, dass die Vergabe der nachgefragten, aus Tafelmalerei und Schnitzwerk kombinierten Altäre im letzten Drittel des 15. Jhs. weitestgehend an Malermeister erfolgte. Diese ließen quasi als Generalunternehmer die vielfältigen Arbeiten, die bei der Herstellung anfielen, vorrangig in ihrer eigenen und dann in den darüber hinaus benötigten Fachwerkstätten wie jenen der Bildschnitzer ausführen. Damit war die Möglichkeit einer Profilierung für die untergeordneten Bildschnitzer in dieser lukrativen Auftragssparte nur eingeschränkt gegeben. Für Stoß eröffnete sich mit dem Krakauer Angebot nun erstmalig die Chance, unter seiner alleinigen Verantwortung ein Großprojekt als ausschließlich plastisches Flügelretabel zu gestalten und dieses in seiner Werkstatt komplett auszuführen.

Der größte Nürnberger Konkurrent war Veit Stoß in dieser Hinsicht wohl ab 1473 im Malermeister Michael Wolgemut erwachsen, bei dem sich 13 Jahre später der junge Albrecht Dürer als Lehrling verdingen sollte. Wolgemut heiratete in diesem Jahr die Witwe des kurz vorher verstorbenen Malers Hans Pleydenwurff und wurde damit Leiter der produktiven Werkstatt. Für ihn ist die Übernahme von zahlreichen Aufträgen für derartige Altarretabel gesichert. Ob es ihm vom Rat erlaubt war, wegen der großen Nachfrage fachkompetente Bildschnitzergesellen in seiner eigenen Werkstatt zu beschäftigen oder ob er die Arbeiten in Kooperation mit selbständigen, im Gesamtauftrag dann anonymen Meistern ausführen ließ, ist in der Forschung umstritten. Stoß aber muss durch die marktdominierende Wolgemut-Werkstatt in seinem Handwerk sowohl als Bewerber um größere Aufträge als auch im Falle einer Zusammenarbeit in der zweiten Reihe gestanden haben.

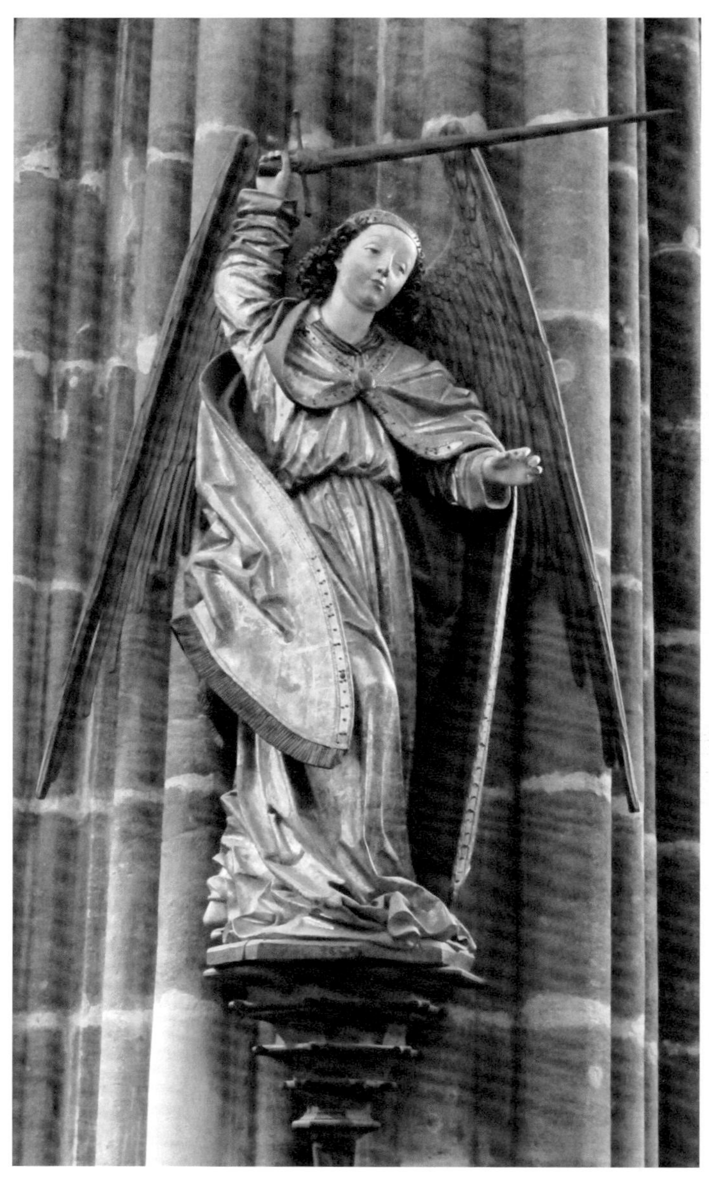

Erzengel Michael, St. Lorenz, Nürnberg, vor 1477

Erzengel Michael aus St. Lorenz

Ein einziges, unsigniertes Werk der Nürnberger Bildschnitzerei aus der Zeit um 1477 wird in der Stoß-Forschung gelegentlich als mögliches Frühwerk erwogen. Es handelt sich um den am zweiten nördlichen Freipfeiler im Mittelschiff von St. Lorenz befindlichen lebensgroßen Erzengel Michael. Augenscheinlich zeigt das Bildwerk oberrheinisches Formempfinden sowie die unmittelbare Kenntnis von Kupferstichen des in dieser Region tätigen Meisters E. S. Allerdings weist die stilistische Auffassung der nur wenige Jahre später entstandenen Krakauer Schreinfiguren bereits weit über dieses singuläre Werk hinaus. Die farbig gefasste Figur setzt anschaulich und subtil die christliche Ikonografie des Erzengels als schlagkräftiger Anführer der himmlischen Heerscharen und Bezwinger des Satans wie auch die des gewissenhaften Seelenwägers um. Die diese beiden Aufgaben bestimmenden Bewegungen führen zu einem intensiven Spannungsverhältnis: Der heftig agierende Engelskörper verschraubt sich von seinen ausschreitenden Füßen aufsteigend spiralförmig und kulminiert in seinem heftig zum Schlag ausholenden, weit hinter den Kopf zurückgeführten rechten Arm mit Schwert. Dagegen sind Gesicht und linke Körperhälfte, insbesondere der ausgestreckte linke Arm des Erzengels, in dessen heute leerer Hand sich ursprünglich eine frei aufgehängte Balkenwaage befand, in stoischer Gleichmut wiedergegeben. Ein durch die beiden Arme ausgespanntes Pluviale (liturgischer Radmantel) steigert wie eine um seinen Körper liegende Raumschale seine dreidimensionale Präsenz. Der Mantel nimmt in einem spitz zulaufenden Zipfel die dynamische Bewegung der rechten Körperseite auf und beruhigt sie in der gerade herabfallenden Hälfte der linken Seite. Wie Vogelschwingen gestaltete, weit über den Rücken Michaels hinauf- und hinausragende flache Flügel stabilisieren die Figur auf ihrer hoch angebrachten, schmalen Plinthe.

3 Erfolgsjahre in Krakau

ANKUNFT UND SESSHAFTWERDEN

Die neuen Lebens- und Arbeitsbedingungen in Krakau dürften Stoß durch Erkundigungen und einen vorgelagerten Besuch bekannt gewesen sein. Ihn erwartete hier ein vom König gefördertes autonomes Stadtregiment, basierend auf einer Zunftverfassung. Die im Vergleich zu Nürnberg politisch und ökonomisch tolerantere Ausgangssituation sollte ihm im Laufe seines Aufenthalts über das Auftragsverhältnis hinausreichende, standesübergreifende Kontakte möglich machen und ihm zu einem für einen Handwerksmeister erstaunlichen Wohlstand verhelfen.

Die Stiftungsurkunde des Marienaltars in Krakau gibt Auskunft darüber, dass Veit Stoß seine Arbeit um den 25. Mai 1477 begann. Von seiner Ankunft in der Stadt zu Jahresanfang bis zum Arbeitsbeginn muss er eine Vielzahl organisatorischer Aufgaben hinter sich gebracht haben. Hilfestellung durch die Krakauer Auftraggeber darf man annehmen. Über die Kontaktanbahnung hinaus mögen auch Stoß' familiäre Beziehungen zur Ravensburger Handelsgesellschaft vor Ort nützlich gewesen sein. Vermutlich führte man ihn in der Stadt ein und war ihm bei der Suche und Anmietung eines ersten Wohnhauses mit Werkstatt behilflich. Deren Einrichtung, die Auswahl von geeigneten Mitarbeitern und die Anlieferung und Vorbereitung des Schnitzmaterials waren jedoch nicht auszugliedern. Dies musste der Meister selbst übernehmen.

Die erste archivalische Erwähnung in den Krakauer Ratsakten betrifft im Jahr 1479 die »uxor viti snyczer«, also Stoß' Ehefrau Barbara. Sie war in eine gerichtliche Auseinandersetzung um eine Dienstmagd verwickelt. Zwei Jahre später, im Herbst 1481, scheint Stoß finanziell soweit saturiert, dass er sich im Stadtzentrum nördlich der Königsburg Wawel in der Legatengasse (ul. Poselska) ein renovierungsbedürftiges größeres Eckhaus kaufen konnte. Weitere Urkunden aus dieser Lebensphase belegen seine nicht immer vorhandene Zahlungsfähig- oder -willigkeit, die vielleicht auch der wachsenden Kinderzahl des Ehepaars geschuldet war. Acht Kinder wurden ihnen nach und

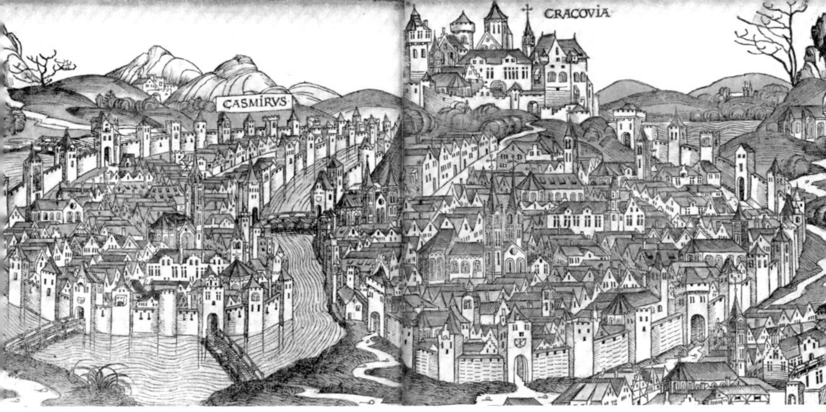

Darstellung der Stadt Krakau. – Holzschnitt aus der Schedelschen Weltchronik, Nürnberg 1493

nach in Krakau geboren: in den frühen 80er-Jahren der Sohn Andreas und sein Bruder Stanislaus, dessen Name wohl auf den Krakauer Stadtpatron zurückgeht. Danach folgten Katharina, Florian, Sebastian, Adrian, Johann und Mathias. 1495 ist im Rahmen einer Schadensersatzklage von einem weiteren Hausbewohner, einem Familienhund, die Rede, der den pelzgefütterten Umhang eines Krakauer Bürgers zerfetzt hatte.

DEUTSCHSTÄMMIGES PATRIZIAT

Krakau war im 15. Jh. Königssitz der mächtigen Dynastie der Jagiellonen und damit das politische Zentrum Polens. Diese hielten auf der Königsburg Wawel Hof und zogen Adel und hohen Klerus in die Stadt. Für die Glanzzeit der Hauptstadt ab der Mitte des 15. Jhs. waren jedoch vorrangig die rege und erfolgreiche Handelstätigkeit von Kaufleuten und die Arbeit versierter Handwerker verantwortlich. Deren Zuzug – insbesondere aus Süddeutschland und Schlesien – war von den polnischen Königen aus wirtschaftspolitischen Erwägungen über 100 Jahre gefördert worden. Der im Polenhandel als Vorreiter auftretenden Nürnberger Kaufmannschaft hatte Kasimir III. bereits 1365 zahlreiche Handelsprivilegien zuerkannt.

Die systematische Bevölkerungs- und Gewerbepolitik, kombiniert mit einer verkehrstechnisch günstigen Lage der

Stadt am Schnittpunkt zweier Fernhandelswege und dem Zugang zur schiffbaren Wasserstraße Weichsel, führte nach und nach zu einer ökonomischen Vorrangstellung mit Torfunktion ins östliche Europa. Die Stadt passierte eine von Süd nach Nord ausgerichtete Handelsroute, die sich von den Balkanländern über Ungarn, Kaschau und Thorn nach Danzig und den Hansestädten der Ostsee zog. Eine west-östliche kam von Flandern über Leipzig und Breslau nach Lemberg und führte dann ans Schwarze Meer. Letztere vereinigte sich in Breslau mit der Verlängerung der Goldenen Straße, die Nürnberg mit Prag verband. Basierend auf seinem Stapelrecht fungierte Krakau für diese Routen als Drehscheibe für die aus dem Osten kommenden Güter wie Pelze, Häute oder Wachs, aber auch für regional abgebaute Bodenschätze. Im Umland der Stadt wurde das Zinkerz Galmei, das in der Nürnberger Messingproduktion benötigt wurde, das aus örtlichen Salinen stammende Steinsalz und das hochrentable Blei gefördert. Letzteres war unverzichtbarer Bestandteil des Saigerverfahrens von Rohkupfer, einer technischen Neuerung, die Mitte des 15. Jhs. in Nürnberg entwickelt wurde und insbesondere für das enge und bewährte Verhältnis Nürnberg – Krakau verantwortlich war. In der zweiten Hälfte des 15. Jhs. kulminierte die Verknüpfung von fränkischem Know-how, polnischen Bleivorkommen und der Kontrolle des Exports aus den Kupferrevieren in den ungarischen Karpaten. Es bestand eine fruchtbare wirtschaftliche Kooperation der Krakauer und der aus dem metallverarbeitenden Handwerk profitierenden Nürnberger Unternehmer und Kaufleute, die zu zahlreichen neuen, vom Osthandel profitierenden Handelsniederlassungen in der polnischen Hauptstadt führte.

Die deutschstämmigen Krakauer Großhandelsgeschlechter gehörten im Jahr der Ankunft Stoß' zur stärksten Bevölkerungsgruppe der 10 000 Einwohner zählenden Stadt. Ihre über den Transithandel geknüpften Kontakte waren über ein Jahrhundert gewachsen, netzartig über ganz Europa gespannt und ruhten im deutschsprachigen Raum oft auf tragfähiger verwandtschaftlicher Basis. Die finanzkräftigsten

»Erzhumanist« Conrad Celtis

Celtis wurde 1459 als Konrad Bickel in Wipfeld bei Schweinfurt als Sohn eines Winzers geboren. Er studierte ab 1477 die Artes liberales zunächst an der Universität Köln und dann unter dem Humanisten Rudolf Agricola in Heidelberg. In dieser Zeit latinisierte er seinen Namen. Nach Erwerb des Magistergrades im Jahr 1485 hielt der 26-Jährige als fahrender Humanist Vorträge über Poetik an der Universität Erfurt, danach in Rostock und Leipzig. Zum »poeta laureatus« (lat., lorbeergekrönter Dichter), einem Titel, der die höchste offizielle Auszeichnung bedeutete, die ein Dichter damals im Heiligen Römischen Reich erringen konnte, wurde er 1487 aufgrund seiner Verdienste von Kaiser Friedrich III. ernannt. Die aus der Antike tradierte Dichterkrönung, die bis zur Person Celtis' ausschließlich Italienern vorbehalten war, wurde in einer feierlichen Zeremonie auf der Nürnberger Burg begangen und fand ihren Höhepunkt im Aufsetzen eines Lorbeerkranzes auf das Haupt. Der Titel, der Rang und Ruhm mit sich brachte, beinhaltete im Gegenzug die Verpflichtung des Geehrten zum Herrscherlob.

Celtis' Drang nach Wissensmehrung führte ihn im Folgejahr nach Italien, danach brach der Umtriebige in den Osten auf. Nach Stationen in Sachsen und Schlesien verblieb er längere Zeit zum Studium in Krakau. 1494 lehrte er als Professor für Poetik und Rhetorik an der Universität Ingolstadt. Nach weiteren Zwischenaufenthalten an der Domschule in Regensburg und als Erzieher der Söhne des Kurfürsten Philipp von der Pfalz in Heidelberg wurde er 1497 von Kaiser Maximilian I. nach Wien auf den Lehrstuhl für Beredsamkeit und Dichtkunst berufen. 1502 ernannte ihn der Kaiser zum Vorsitzenden des »Collegium poetarum«. Nach nur elf Jahren Tätigkeit verstarb er 1508. Zahlreiche Werke wurden von ihm ediert und selbst verfasst, darunter die ab 1492 geplante, aber unvollendet gebliebene »Germania illustrata«, ein groß angelegtes wissenschaftliches Projekt zur deutschen Geschichte. »*C[eltis] gilt als der deutsche Erzhumanist. Er war die stärkste poetische Begabung der humanistischen Bewegung um 1500. Sein Bildungsprogramm wurde entscheidend für die Entstehung des deutschen Nationalbewußtseins.*« (Hans Rupprich, Neue Deutsche Biographie) Der führende deutsche Humanist und später seine Anhänger initiierten die Gründung zahlreicher »Sodalitates litterariae« (lat., wissenschaftlich-gelehrte Freundeskreise), die als vernetzte Kommunikationsplattformen für humanistisches Gedankengut dienten. Dazu zählten die »Sodalitas litteraria Vistulana« (lat. Vistula = Weichsel) mit Sitz in Krakau, die »Sodalitas litteraria Rhenana« (lat. Rhenus = Rhein) mit Sitz in Mainz und die »Sodalitas litteraria Danubiana« (lat. Danuvius = Donau) in Wien.

Mitglieder gehörten zu einer großbürgerlichen Führungsschicht, dem Patriziat, das maßgeblichen politischen Einfluss auf das städtische Regiment ausübte. Dies offenbart sich deutlich in der Zusammensetzung des Krakauer Rates in dieser Zeit. Als indirekter Nachweis der Vormachtstellung können die Stadtbücher Krakaus dienen, deren Einträge durch überwiegend deutschsprachige Stadtbeamte bis zum Ende des 15. Jhs. in deutscher und lateinischer Sprache erfolgten. Gerne griffen König und Adel in Zeiten finanzieller Engpässe auf Kreditgeber aus den Reihen der Großhandelskaufleute zurück. Die königliche Anerkennung äußerte sich in deren wohlwollender Akzeptanz am Hof, der Förderung ihrer Geschäfte und der Gewährung von Freiheiten wie dem Recht auf Landbesitz.

Die in der Stadt gebündelte hohe Finanzkraft, gepaart mit königlicher Protektion, zog auch eine geistige und kulturelle Blüte nach sich. Die seit über 100 Jahren bestehende Universität besaß im letzten Viertel des 15. Jhs. eine hohe Attraktivität für die europäische Elite. Fast 500 Studenten unterschiedlicher Nationalitäten waren um 1500 gleichzeitig an der Alma Mater immatrikuliert. Hier wurde auch die erste, nach italienischem Vorbild konzipierte Vereinigung zur Förderung wissenschaftlicher Disziplinen und Literatur, die »Sodalitas litteraria Vistulana«, durch den Humanisten Conrad Celtis gegründet. Er studierte nach seinem Italienaufenthalt 1489/90 an den international hoch geschätzten Lehrstühlen für Mathematik und Astronomie der Krakauer Universität.

Zum Zeitpunkt der Stoß'schen Übersiedelung regierte seit mehr als 30 Jahren der Jagiellonen-König Kasimir IV., in Personalunion auch Großfürst von Litauen, der ein weiträumiges Reich unter seiner Herrschaft vereinigte. Mit der Krönung seines Sohnes Ladislaus 1471 zum König von Böhmen konnte er sein Einflussgebiet zusätzlich ausweiten. 1475 wurde seine Tochter Hedwig in Landshut mit dem bayerischen Herzog Georg verheiratet.

MARIENKIRCHE AM MARKTPLATZ

Der erfolgreiche städtische Entwicklungsprozess zog bereits ab dem 14. Jh. eine rege Bautätigkeit vor allem im öffentlichen Bereich nach sich. Dazu zählte auch der Bau der bis 1320 am Marktplatz errichteten Hauptpfarrkirche mit dem Patrozinium Mariae Himmelfahrt. Die dreischiffige Backsteinbasilika wurde schon nach kurzer Zeit, ab 1355 bis zum Ende des Jahrhunderts, vergrößert und neu gestaltet, was einem innerstädtischen Wettbewerb um die repräsentativste Kirche geschuldet sein mag. 1478 und im dritten Viertel des 16. Jhs. wurde die Westfassade mit zwei unterschiedlich gestalteten Türmen versehen. Der mitgliederstarken deutschsprachigen Gemeinde diente sie als Pfarr- und dem Patriziat als Grabeskirche. Die polnische Bevölkerung musste in der unweit davon gelegenen kleineren Friedhofskirche St. Barbara am polnischsprachigen Gottesdienst teilnehmen. Wiewohl der Krakauer Bischof das Kirchenpatronat ausübte, war die Einflussnahme des Patriziats auf die Marienkirche über finanzielle Unterstützung und Stiftungen sehr groß. Sie stellte den Ort ihrer repräsentativen Selbstverwirklichung dar.

ALTARSTIFTUNG

Als 1442 der Chor der Marienkirche während eines Erdbebens einstürzte, wurde der alte Hochaltar ebenfalls zerstört. Der vorrangige und wohl kostspielige Wiederaufbau wird mit ein Grund dafür gewesen sein, dass einige Jahrzehnte lang ein einfacher Tischaltar dessen liturgische Funktion übernahm. Anfang der 70er-Jahre ging der Krakauer Rat die Anschaffung eines neuen Hauptaltars an, um 1475 konkretisierte sich die Planung. Ehrgeiz und Machtanspruch dürften dazu geführt haben, dass das Interesse der Auftraggeber schon früh auf die repräsentativen und hochaktuellen, vor allem in Süddeutschland gefertigten Schnitzaltäre fiel, die über die engen Handelsbeziehungen auch in Krakau bekannt waren. Der Rat strebte nach einem Renommierobjekt, das alle anderen Altäre in Aktualität, Größe, Ausgestaltung und einem ausgeklügelten Programm übertraf und den Auftraggeber in seiner herausgehobenen sozialen Stellung angemessen repräsentierte. Dass man sich einen deutschen und sogar Nürnberger Fachmann für das Altarprojekt auswählte, ist neben der Expertise auch auf die nationale Zusammengehörigkeit zurückzuführen.

In den Jahren nach der Vollendung des Marienaltars 1489 wurde eine wohl ursprünglich im Altar selbst verwahrte und später in den Altarauszug transferierte Kapsel angefertigt, in die ein aufschlussreiches Dokument eingelegt war. Verfasst war es von dem Krakauer Stadtschreiber und Prediger an der Marienkirche Johann Heydecke, dessen Anliegen es gewesen sein muss – ähnlich einer notariellen Urkunde –, die Nachwelt über die wichtigsten Eckdaten der Entstehung dieses außergewöhnlichen Altars zu unterrichten. Dazu gehörte die Aufzählung der beteiligten Persönlichkeiten, unter ihnen die 24 Mitglieder des Stadtrates als Auftraggeber, die drei aus diesem Kreis für die Überwachung und die Finanzierung des Altarprojekts zuständigen honorigen Pfleger, die damaligen Kleriker der Marienkirche, sowie Beginn und Ende der Arbeiten, die genauen Kosten und ein Lob auf den ausführenden Künstler Veit Stoß. Diese Stiftungsurkunde wurde zufällig zwischen

Auszug aus der Stiftungsurkunde des Marienaltars

»Im Jahr 1477 der Fleischwerdung unseres Herrn Jesus Christus, um das Fest des heiligen Urban ist dieses Werk begonnen worden, als die geschäftsführenden Stadträte Waltherus Kesinger, Johannes Karnowski, Johannes Theszner, Stanislaus Przedbor, Stanislaus Sigismundi, Johannes Clethner, Johannes Gawron und Johannes Thurso und die Senior-Stadträte Martinus Belze, Johannes Wirsingk, Paulus Newburgir, Nicolaus Creydler, Jacobus Sweydniczer, Johannes Gerstman, Jacobus Wilkowski, Marcus Thewer, Nicolaus Wolfram, Langpeter Stano, Kuncza Zarogowsky, Johannes Tigil, Paulus Ber, Sefridus Bethmann und Johannes Borgk waren. Auf ihre mehrheitliche Zustimmung hin ist sie [die Tafel] begonnen worden. [...] Und obwohl sich die hohen Kosten auf 2808 Gulden beliefen, ist dennoch kein Groschen aus dem Haushalt des Rathauses oder der öffentlichen Hand gegeben worden. [...] Fertiggestellt aber wurde das Werk im Jahr des Herrn 1489 um das Fest des heiligen Apostels Jacobus, zur Zeit des erlauchtesten Fürsten und Herrn, des Herrn Kasimir, des Königs von Polen, und des Bischofs von Krakau Friedrich, des erlauchten Sohns König Kasimirs [...]. Aber kein einziger Pole hatte Zuwendungen oder Spenden gewährt, sondern viele ergingen sich in Spott in der Meinung, das Werk finde nie ein Ende. Viele von ihnen sind denn auch durch die allerseligste Jungfrau Maria durch eine Menge von Widrigkeiten heimgesucht worden. [...] Der Meister aber oder Künstler dieses Werks war Magister Veit, ein Deutscher aus Nürnberg, ein Mann von bewundernswerter Ausdauer und Zuverlässigkeit, dessen Begabung und Arbeit über den ganzen christlichen Erdkreis hinweg gelobt wird und den dieses Werk in alle Ewigkeit rühmt. Dieses habe ich, Johannes Heydecke aus Damm, der Stadtschreiber, zum immerwährenden Gedächtnis niedergeschrieben.«

(Text der lat. Urkunde bei Loßnitzer, deutsche Übersetzung bei Dietl)

1533 und 1585 bei Reinigungsarbeiten entdeckt. Davon erhalten geblieben sind lediglich zwei spätere, leicht divergierende Kopien in polnischer und lateinischer Sprache, deren genaue Übereinstimmung mit dem verlorenen Original in der Forschung immer wieder diskutiert wird.

Aus der Urkunde geht hervor, dass die Akquise der Gelder zur Finanzierung des Altars für die Kirchengemeinde in Krakau ein langfristiges Unterfangen war, da keine öffentlichen Mittel dafür eingesetzt werden sollten. Das bestätigen im Stadtarchiv in Krakau befindliche Archivalien. Im Dezember 1473 ist ein erstes diesbezügliches Vermächtnis greifbar. Ein Mathias Opoczko ließ der Kirchengemeinde eine Summe von 60 Gulden *»zugunsten der neuen, über dem Hochaltar in der nämlichen Kirche herzurichtenden und aufzustellenden Bildertafel alias tablicza«* zukommen. Aber erst ab 1475 flossen dem Stiftungsfond größere Summen zu, die wohl als ausreichende materielle Grundlage zur Inangriffnahme des Vorhabens ausreichten.

RÄUMLICHES KONZEPT

Der Chor der Marienkirche ist in seinen Abmessungen als außergewöhnlich zu bezeichnen: Langgestreckt, schmal und allseitig durchfenstert, erhebt er sich 28 m in die Höhe. Die Herausforderung für Stoß bestand darin, den Altar in seiner Höhen- und Breitenerstreckung harmonisch in den Raum einzupassen und gleichzeitig die Sichtbarkeit zumindest der Hauptszenen vom Mittelschiff aus für die Gläubigen zu gewährleisten. Er konzipierte ein mit dem Auszug ursprünglich zwischen 16 und 18 m hohes fünfteiliges Retabel mit einem großdimensionierten Mittelschrein als Raumbühne (7,35 x 5,34 x 1,26 m), der großformatige Schnitzfiguren, wie beim schwäbischen Altartypus üblich, aufnehmen konnte. Der Schrein mit seinen beidseitigen Doppelflügeln füllt den nur 11,10 m breiten Chor fast vollständig aus. Lediglich ein circa 20 cm breiter Freiraum trennt die äußeren, aus statischen Gründen unbeweglichen Flügel von den Chorhochwänden. Mit dem Auszug, der dreiteilig aufgebaut war, reichte der Altar bis zum Ansatz des Chorgewölbes.

INHALTLICHES PROGRAMM

Gemäß dem Patrozinium der Kirche zeigt das Altarprogramm Marias zentrale Stellung als Retterin der Menschheit im gesamten christlichen Heilsgeschehen auf. Ausgehend von ihrer Bestimmung als jungfräuliche Gottesmutter, über ihre Schlüsselrolle in Passionsgeschehen und Erlösungswerk war auch ihre überzeitliche Gemeinschaft mit Christus Thema. Stoß wird bereits bei der Anfertigung seines nicht überlieferten Entwurfs ein von den Krakauer Theologen ausgearbeitetes Programm des Altars vorgelegen haben, das er bildkünstlerisch umsetzen sollte. Dem jungen Bildschnitzermeister dürfte es bei der Komplexität der mariologischen Inhalte und der geforderten Orientierung an polnischen Bildtraditionen nicht möglich gewesen sein, ohne diese Vorgaben tätig zu werden. Einem ersten Entwurf, der die Auftraggeber überzeugen konnte, wird ein kreativer Entwicklungsprozess über mehrere Jahre gefolgt sein, in dem sich Stoß Gestaltungsfreiräume eröffneten, die den Altar bis heute zu seinem Hauptwerk machen.

Flügelaltar

Der Flügelaltar ist die häufigste Form des Retabels (lat. »retro tabula« = rückwärtige Tafel). Der Name resultiert aus den zwei (Triptychon), vier (Pentaptychon) oder mehreren (Polyptychon) großen Drehflügeln, die beidseitig eines zentralen Schreins oder Tafelbildes auf der Altarmensa angebracht sind. Der Altaraufsatz ist in der Regel dreifach vertikal und horizontal gliedert. Die untere Zone bildet ein niedriger Sockel, die sogenannte Predella (it., Podest), die mit Schnitzereien oder Tafelmalerei verziert ist. Ursprünglich befanden sich darin Reliquien. Der darüber liegende Mittelteil des Altars ist als Schreinkasten mit eingestellten Heiligenfiguren oder Tafelbild ausgestaltet. Zu beiden Seiten sind die beweglichen, mit Malerei oder Schnitzwerk versehenen Flügel zum Verschließen des mittleren Altarteils angebracht. Den oberen Abschluss bildet das sogenannte Gesprenge oder der Auszug, ein Aufbau aus Fialen (Türmchen), die mit Zierwerk und Skulpturen besetzt sein können.

In der Ausgestaltung des Schreins bzw. Tafelbildes findet meistens das Kirchenpatrozinium Berücksichtigung. Oft werden einer zentralen mittleren Heiligenfigur zwei bis vier Assistenzfiguren zugeordnet. Gelegentlich flankieren den Schreinkasten zwei vollplastisch ausgearbeitete Schreinwächter, meist Ritterheilige, die jedoch nur bei geschlossenen Flügeln sichtbar sind.

Das ikonografische Programm des Altars wird immer von außen nach innen gesteigert. In der Regel ist das auch an der Hierarchie der Gattungen abzulesen: An den Außenseiten der Flügel findet sich Malerei, an den Innenseiten Relief und im Schrein als Höhepunkt Skulptur als wertigste Gattung. Variationen in der Ausführung sind möglich.

An Werktagen wird der Altar mit geschlossenen Flügeln gezeigt (Werktagsseite). Zu hohen Festtagen wird der Altar geöffnet (Festtagsseite) und offenbart einen Blick in den Schrein als liturgische und künstlerische Mitte des Altars. Hauptverbreitungsgebiet von Flügelaltären war der deutsche und niederländische Raum.

Den inhaltlichen und dramaturgischen Höhepunkt des Altares birgt der über 7 m hohe, 5 m breite, in zwei Zonen untergliederte Mittelschrein. Die szenische Darstellung der unteren Hälfte ist neuartig und ungewöhnlich: Hier kniet die betende, sterbende Jungfrau Maria in Seitenansicht – eine Ikonografie aus dem kleinpolnischen Raum – inmitten der zwölf Apostel, die alle als überlebensgroße Figuren gestaltet sind. Die obere Hälfte füllt unter einem kielbogigen, wie ein Pfeil nach oben weisenden Architekturbaldachin ihre unmittelbar darauf folgende, kleiner dimensionierte Himmelfahrt aus. Wie eine entfernte Vision erscheinen Mutter und Sohn vor einem sternenübersäten Himmelszelt im göttlichen Strahlenkranz, flankiert von musizierenden Engeln. Die beiden Einzelszenen werden durch einen das Himmelstor sym-

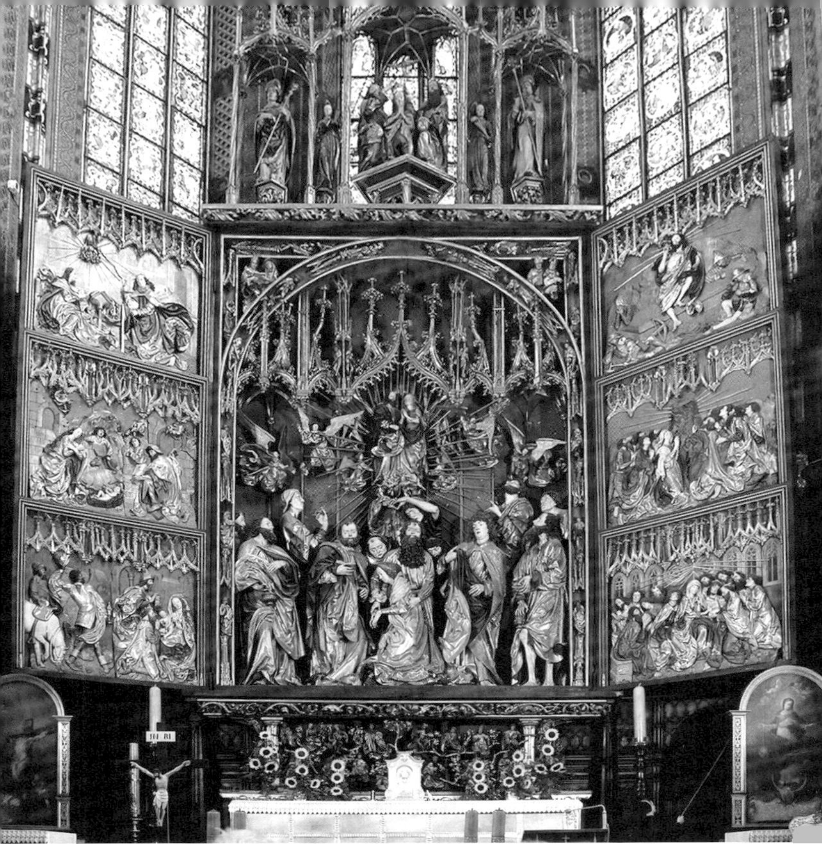

Marienaltar, Marienkirche, Krakau, 1477–1489, »Festtagsseite«

bolisierenden großen Arkadenbogen zusammengefasst, der auf niederländische Vorbilder verweist. Ergänzt wird das mariologische Programm im Gesprenge durch eine Krönung Marias zur Himmelskönigin.

Die drei zentralen, aufeinander folgenden Szenen gehen auf das »Liber de transitu Mariae« zurück, das, im 6. Jh. entstanden, zu den apokryphen Schriften zählt. Das imaginäre »*Sterbeprotokoll*« Marias (Dietl), das die Todesumstände der Gottesmutter beschreibt, stellte im von Marien- und Passionsfrömmigkeit geprägten 15. Jh. ein zentrales Glaubensdokument dar, das theologisch intensiv reflektiert und künstlerisch umgesetzt wurde.

Stoß lehnt sich in der Konzeption der Szenen an die in Polen seit 1400 gewachsene bildkünstlerische Tradition an, inszeniert jedoch die Apostel als monumentale, hoch emotionalisierte Identifikationsfiguren unterschiedlichen Lebensalters, die in eindringlichen Minen und Gesten der Trauer und des Erschreckens auf das sie überwältigende Ereignis reagieren. Ihre naturalistisch ausgearbeiteten individualisierten Gesichter zeigen Stoß' intensive Auseinandersetzung mit psychischen Zuständen, aber auch mit der Oberflächenbeschaffenheit der menschlichen Haut und der darunter liegenden Muskulatur. Die Gewänder, deren Faltenwürfe sich kraftvoll und dynamisch geführt um die Gestalten winden und verselbstständigen, nehmen ihre tiefen Affekte auf und bedingen eine intensive Licht-Schatten-Wirkung. Besonders betont ist die mittlere Figurengruppe um das Zentrum der sterbensmatt zusammengesunkenen Maria. Hinter ihr befindet sich die vollplastisch ausgearbeitete Figur eines bärtigen Apostels, der die Sterbende mit seinen Armen sanft abstützt. Über den beiden ragt ein weiterer Apostel auf, der in einem dramatischen Verzweiflungsgestus seine Hände ringt und damit einen schützenden pyramidenförmigen Baldachin über ihren Köpfen bildet. Diese Armhaltung geht eindeutig auf die Figur der Maria Magdalena in der bereits erwähnten Kreuzabnahme des Rogier van der Weyden zurück. Hier hat Stoß auf seiner Wanderschaft erworbenes Vorlagenmaterial zum Einsatz gebracht.

Da die Tiefenerstreckung des Schreins mit nur wenig mehr als einem Meter eine rundplastische Ausarbeitung aller zwölf Apostelfiguren nicht zuließ, erscheinen sieben von ihnen lediglich als Halbfiguren oder Köpfe, die, auf Stangen aufgesetzt, hinter den Vollfiguren platziert wurden. Durch diese perspektivisch geschickte Anordnung kann Stoß den Eindruck einer größeren Tiefenräumlichkeit erzeugen und die Gruppe optisch verdichten.

Der Mittelschrein fußt auf einer zierlichen Predella (1,90 m hoch) mit der Darstellung der Wurzel Jesse, die, kleinfigurig ausgeführt, die menschliche Abstammung der Jungfrau und ihres Sohnes aus dem königlichen Geschlecht Davids bezeugt. Direkt unter der sterbenden Gottesmutter endet der Hauptast des Wurzelwerks im hölzernen Schreinboden und stellt damit eine achsial aufwachsende Verbindung zu den darüberliegenden Szenen dar. Im Altarauszug, unter Einbeziehung der durchfensterten Zone des Chorpolygons als lichtdurchfluteter Hintergrund, gipfelt der Altar in der visionären Marienkrönung. Sie befindet sich mittig unter einem Architekturbaldachin. Der knienden Maria, über der die Taube des Heiligen Geistes schwebt, wird gleichzeitig von Gottvater und -sohn die Himmelskrone aufs Haupt gesetzt. Die beidseitig in separaten Architekturbaldachinen angeordneten polnischen Nationalheiligen Stanislaus und Adalbert flankieren die Mittelgruppe. Sie stellen, über das Patrozinium der Krakauer Stadtkirche hinausgehend, die gekrönte Gottesmutter in einen gesamtpolnischen Kontext, der sie zur überzeitlichen Herrscherin des Königreichs erklärt und die gläubige Bevölkerung ihrem besonderen Schutz anvertraut.

Neben dem Mittelschrein gehören zur Festtagsseite, die nur an den marianischen Hochfesten sichtbar war, auch die sechs Hochreliefs (jeweils 2,50 x 2 m) an den Innenseiten des beweglichen Flügelpaares. Sie stellen Ereignisse aus dem Leben Mariens (Mariä Verkündigung, Geburt Christi und Anbetung der Heiligen Drei Könige) und ihres Sohnes Jesus (Auferstehung, Himmelfahrt und Ausgießung des Heiligen Geistes) dar. Diese stehen ergänzend zu den übereinander angeordneten Glaubensgeheimnissen der Mittelachse im Gesamtkontext der Sieben Freuden Mariens.

Zur Werktagsseite des Altares zählen die Außenseiten des den Altarschrein verschließenden inneren Flügelpaares sowie die Innenseiten der äußeren Standflügel. Im Mittelpunkt des Bildprogramms stehen Ereignisse, die zu den Sieben Schmerzen Mariens (Darbringung Jesu im Tempel, der 12-jährige Jesus im Tempel, Kreuzigung, Beweinung, Grablegung) zählen. Sie werden durch Begebenheiten aus dem Marienleben und dem Passions- und Auferstehungsgeschehen erweitert. Veit

Stoß arrangiert die kleineren, insgesamt zwölf Flachreliefs (Reliefdicke 5–6 cm) auf einer horizontal gegliederten Bilderwand, die wie ein aufgeschlagenes Buch vor dem Betrachter steht. Stoß verzichtet in den Reliefs auf eine zentralperspektivische Darstellung, seine Figuren bewegen sich auf einer schmalen Raumbühne und breiten sich in der Fläche aus. Die fehlende Tiefenraumentwicklung ist wohl auf seine Umsetzung zeichnerischer Vorlagen ins Relief zurückzuführen. Jedoch reicherte er die einzelnen Szenen erzählfreudig und detailverliebt mit einer Vielzahl von physiognomischen Typen, realistisch gemalten Hintergrundkulissen (heute verloren) und Gegenständen aus dem täglichen Lebensumfeld der Gläubigen an. Mit der so entstehenden genrehaften, lebendigen Bildwirkung stillte er das Schaubedürfnis der Gläubigen.

In den Kompositionen und Motiven der einzelnen Schnitzreliefs des Altars können Bildvorlagen und ikonografische Vorbilder aus der niederländischen Tafelmalerei und der zeitgenössischen Druckgrafik sowie polnische Darstellungstraditionen identifiziert werden, die Stoß' weiten künstlerischen Radius zeigen.

ARBEITSABLAUF IN DER WERKSTATT

Stoß begann 1477 vermutlich mit dem Schnitzen der flachen Holzreliefs an den Flügelaußenseiten im Ablauf der biblischen Ereignisse. In einem zweiten Schritt folgten die Hochreliefs der Flügelinnenseiten. Diese Abfolge ist aus der stilistischen Entwicklung der Reliefs ablesbar. Erst danach dürfte Stoß mit den Kolossalfiguren des Mittelschreins begonnen haben. Diese sind bis zu 2,80 m hoch und weisen einen Durchmesser von bis zu 1 m auf. Der enorme Umfang der dafür benötigten Lindenholzstämme setzt ein hohes Alter mit bis zu 500 Jahren bei der Fällung voraus. Das Holz muss dann in relativ frischem Zustand verarbeitet worden sein, wie neuere Forschungen ergeben haben.

Stoß' eigenhändiger Anteil an den Schnitzarbeiten kann als relativ groß angenommen werden. Dafür spricht eine technische »Eigenart«, die für ihn typisch und bereits an den Krakauer Apostelfiguren ablesbar ist: Der Bildschnitzer besaß die technische Virtuosität und wohl auch den Ehrgeiz, die großformatigen Figuren wenn möglich ohne Anstückelungen aus einem einzigen Lindenholzblock zu schnitzen. Auch die detaillierte und naturalistische Ausführung von Köpfen und nackten Körpergliedern sowie die ornamental gebauschten Gewänder der Großfiguren sprechen für Stoß als Ausführenden.

Mit Arbeitsfortgang am Altar dürfte er jedoch den Kreis seiner Mitarbeiter sukzessive ausgeweitet haben. Die Komplexität des Auftrags setzte arbeitsteilige Prozesse voraus, die er alleine nicht hätte bewerkstelligen können. Die Rahmenelemente des Mittelschreins, das Schnitzwerk der Predella, der Auszug wie auch die einfacher gestalteten Figuren der Marienkrönung werden als Werkstattarbeit entstanden sein und sind vermutlich als letzter Arbeitsschritt erfolgt. In der abschließenden Phase der Altarherstellung von 1486 bis 1488 ist sogar eine Abwesenheit Stoß' aus Krakau verbürgt. Daraus lässt sich schließen, dass die Werkstatt in der Abschlussphase auch ohne die Aufsicht und Mitarbeit des Meisters funktionierte.

Als ein Hinweis auf den Beginn der Fassung und Vergoldung von Altarteilen wird die Ankunft von Stoß' Bruder Mathias Ende 1482 in Krakau gewertet. Da vor Ort keine leistungsfähige Malerwerkstatt nachzuweisen ist, wird Stoß seinen Bruder, der gelernter Goldschmied war, für die diesbezüglichen Arbeiten angeworben haben. In diesem Zusammenhang wurde in den Krakauer Ratsakten dessen zunächst falsch gedeutete Abstammung vermerkt. 1485 werden Unregelmäßigkeiten in der Werkstatt aktenkundig, die aus einer Unterschlagung von Gold im Gegenwert von 90 ungarischen Gulden durch einen von Stoß beschäftigten Goldschläger resultieren. Die in den Prozessakten aufgezählten Namen von Zeugen und Bürgen für den Goldschläger lassen auf eine weitere Vergrößerung des Kreises von Werkstattmitarbeitern für diesen Arbeitsschritt schließen. Stoß wird in den Krakauer Urkunden aber auch als »pictor« (lat., Maler) geführt, so dass davon auszugehen ist, dass er auch hier aktiv mitgewirkt hat.

Stoß ließ es sich vermutlich angesichts seiner breit gelagerten künstlerischen Fähigkeiten nicht nehmen, möglichst viele der für die Anfertigung des Altars nötigen Gewerke in eigener Regie durchzuführen. Damit konnte er auf allen Arbeitsschritten vom Entwurf bis zur Aufstellung seine persönliche Handschrift hinterlassen und einen Qualitätsabfall vermeiden. Das Konzept der Fassung mit deutlichen Unterschieden in den einzelnen Altarteilen und dem Verzicht auf wirklichkeitsnahe Kostümdetails wird auf den Meister selbst zurückgehen. Für die wichtigsten Szenen des Altars im Mittelschrein sah er eine großflächige Glanzvergoldung vor, die neben der enormen Größe die feierlich distanzierende Wirkung der idealisierten Gewandfiguren noch erhöhte. Die Fassmalerei unterstützte mit ihren Mitteln das gestalterische Konzept des Bildschnitzers.

Ob das in der Stiftungsurkunde als hoch bezeichnete Entgelt von 2808 ungarischen Gulden die gesamten Herstellungskosten für die Anfertigung des Marienaltars widerspiegelt, ist umstritten. Die Arbeitsdauer für den Altar betrug jedenfalls zwölf Jahre. Hätte Stoß mit dem dann durchschnittlichen Jahresentgelt von circa 230 Gulden nicht nur seinen Lebensunterhalt und den seiner Familie, sondern auch die Bezahlung seiner Mitarbeiter, die teuren Materialien für Fassung und Vergoldung und alle zusätzlich anfallenden Arbeiten und Ausgaben bestreiten müssen, wäre der Betrag eher dürftig gewesen. Er erscheint auch dann gering, wenn Stoß zu Beginn ausschließlich eigenhändig, das heißt ohne Mithilfe von Bildschnitzergesellen, gearbeitet hätte. Eher handelte es sich bei der in der Stiftungsurkunde angegebenen Summe wohl um sein persönliches Honorar, das dann dem anderer erfolgreicher Bildschnitzer der Zeit durchaus vergleichbar ist. Stoß' späterer nachgewiesener Wohlstand ist ein Hinweis darauf, dass seine Einkommenssituation in Krakau während und nach der Vollendung des Marienaltars ergiebig gewesen sein muss bzw. dass er erfolgreich Gelegenheiten nutzte, um seine Ersparnisse zu vervielfachen.

Weitere Geschichte des Krakauer Marienaltars

Im Jahr 1679, 200 Jahre nach seiner Fertigstellung, wurde der Marienaltar erstmalig umfassend gereinigt und farbig neu gefasst. Vermutlich wurde zu diesem Zeitpunkt das zweigeschossige, mehrtürmige Gesprenge verkürzt.

Im Rahmen einer Barockisierung des Kircheninneren im dritten Viertel des 18. Jhs. sollte der Altar durch einen Marmoraltar ersetzt werden. Es war vorgesehen, das nicht mehr zeitgemäße Stoß'sche Werk aufzulösen und es stückweise an Kleinstadtkirchen abzugeben. Das Ableben des zuständigen Propstes der Marienkirche verhinderte das Vorhaben. Vermehrtes Interesse und steigende Wertschätzung für spätgotische Schnitzwerke führten 1795 zu einer weiteren Renovierung ohne genaue Dokumentation der Arbeiten.

Auch 1866 bis 1871 erfolgten umfangreiche Wiederherstellungsmaßnahmen, die, ohne fachkundiges Personal durchgeführt, mit Substanzverlust verbunden waren: Der Altar wurde komplett auseinandergenommen, Konstruktionselemente ausgetauscht und beschädigte Schnitzereien ergänzt. Zusätzlich wurden Fassung und Vergoldung erneuert.

Eine vierte, zeitlich eingeschränkte Konservierung durch ein Restauratorenteam fand zwischen 1932 und 1933 statt: Die in der zweiten Hälfte des 19. Jhs. erfolgten Ergänzungen wurden wieder entfernt und die originale Fassung und Vergoldung freigelegt.

Zu einer kompletten Entfernung der Figuren und Reliefs aus dem Altargehäuse kam es während des Zweiten Weltkrieges. Als die deutsche Wehrmacht im Herbst 1939 in Polen einmarschierte, wurden bei Heinrich Kohlhaußen, dem damaligen Direktor des Germanischen Nationalmuseums, und beim Nürnberger NS-Oberbürgermeister Willy Liebel Begehrlichkeiten geweckt: Mit dem Argument, dass das gesamte Werk des »Nürnbergers« Veit Stoß an einem Ort zusammengeführt werden sollte, wurde eine Übertragung des Altars in die fränkische Metropole angestrebt. Dies versuchte der polnische Kunsthistoriker Karel Estreicher durch Abbau und Auslagerung des Schnitzwerks in ein Versteck in Sandomierz/Polen zu verhindern. Der geheime Aufbewahrungsort wurde jedoch verraten, und bereits kurze Zeit später wurden die Figuren und Reliefs von den deutschen Besatzern beschlagnahmt und in dafür umgebauten Eisenbahnwagons nach Nürnberg transportiert. Die Angst vor Bombardierungen durch die Alliierten ließ jedoch eine öffentliche Präsentation nicht zu. Die Figuren wurden mit anderen bedeutenden Nürnberger Kunstwerken bis 1946 im Kunstbunker unter der Kaiserburg sicher eingestellt. Nach dem Krieg wurde das in über 2000 Einzelteile zerlegte Altarwerk mit Hilfe der »monuments men« der US-Army restituiert. In 27 Wagons verpackt, kehrten die Schnitzwerke nach Krakau zurück, um dort zwischen 1946 und 1950 erneut restauriert zu werden. Nach Abschluss der Arbeiten verweigerte die kommunistische Regierung zunächst die Rückgabe an die Marienkirche und präsentierte den Altar mehrere Jahre lang auf dem Wawel. Erst 1957 kehrte der Altar wieder an seinen ursprünglichen Aufstellungsort zurück. Seit 2015 bis zum Jahr 2020 wird der Stoß'sche Marienaltar als hoch geschätztes nationales Kulturgut erneut restauriert und konserviert.

GESELLSCHAFTLICHE ANERKENNUNG

Sechs Jahre nach seiner Einbürgerung in Krakau, am 1. Oktober 1484, wurde Veit Stoß durch den Rat der Stadt eine besondere Ehrenbezeugung zuteil: das Privileg der Steuerfreiheit. Im Gegenzug dazu sollte er das Ehrenamt des Sachverständigen für öffentliche Baumaßnahmen übernehmen. Als Grund für diese Gunst wurden Stoß' hoher Sachverstand und seine Kunstfertigkeit bei den zu diesem Zeitpunkt schon fertiggestellten Partien am Marienaltar angeführt: *»Dy herren Jungk und Ald von sunderlichir gutickeit und gnode, dy sy haben czu meistir Vito de bildensnit-*

czer umme seynir togunt und kunst wille, dy her denne an der grossen tofle czu unsir liben fruven beweisit hot und in der vorendunge der selbin noch irczegen wird, dy gunst und gnode gethon, das her frey sitczen und wanen sal, dyweyle her lebit und unsir mitburgir ist.«

Wo Stoß diese Befähigung für den Bauberuf erworben hat, ist nicht rekonstruierbar, jedoch muss er diesbezügliche Nachweise erbracht haben. Eine solche Zusatzqualifikation ist im späten Mittelalter durchaus auch bei anderen Bildschnitzern nachzuweisen. Aus den Unterlagen zu einem späteren Rechtsstreit mit dem Rat der Reichsstadt Nürnberg lässt sich schließen, dass er diese Kenntnisse eventuell in Ulm oder Augsburg erworben hatte, da er für die komplizierte Ausbesserung eines Brückenpfeilers als Gutachter nur qualifizierte Meister aus diesen Städten akzeptieren wollte. Neben einer Ausbildung in einer Bauhütte kommen aber auch auf der Wanderschaft und in der Praxis erworbene Kenntnisse und Erfahrungen in seiner Doppelqualifikation als Steinbildhauer und Bildschnitzer in Frage. Die öffentliche Reputation Stoß', mit der die Ehrung einherging, schlug sich handwerksintern erstmals 1484 und in drei weiteren Jahren in der Wahl zum Vorsteher der Tischler- und Malerzunft nieder, zu der die Bildschnitzer gehörten.

Ab 1483 war die Stoß'sche Werkstatt mit den Arbeiten am Marienaltar weit fortgeschritten und in der Lage, auch zusätzliche Aufträge anzunehmen. Reisen sind nun verbürgt, die mit der Akquise in Zusammenhang stehen könnten. Die Quellen führen eine größere Anzahl heute zum Teil verlorener Werke an – wie 1485 die Anfertigung von 14 geschnitzten Leuchtern für die Schneiderzunft, ein aus Sandstein gearbeiteter Grabstein mit Ölbergszene (Nationalmuseum, Krakau) und weitere religiöse Skulpturen.

Ende des Jahres 1486 brach Stoß zu einer Reise nach Nürnberg auf. Wie lange diese genau dauerte, ist nicht bekannt, denn erst Ende 1488 wird er wieder urkundlich und als in Krakau anwesend erwähnt. Anlass war das Ableben seines vermögenden Schwiegervaters Ulrich Hertz im November 1485, zu dessen Erben auch Stoß' Ehefrau Barbara gehörte und deren Erbansprüche er anmelden wollte. Der Krakauer Rat muss großes Vertrauen in ihn gesetzt und seinen ökonomischen Sachverstand geschätzt haben, denn er bestellte ihn für den Zeitraum seiner Anwesenheit in der fränkischen Reichsstadt als seinen dortigen Stellvertreter für Vermögensangelegenheiten. Er pflegte also bereits in seiner Zeit in Krakau Geschäftsbeziehungen zu Nürnberger Kaufleuten und kannte diese persönlich.

Seine längere Abwesenheit aus Krakau erforderte auch für seine eigenen Angelegenheiten einen versierten Bevollmächtigten vor Ort. Dieser musste die nötige Kompetenz sowohl für seine familiären und juristischen Belange als auch für die der Werkstatt besitzen und vertrauenswürdig sein. Seine Wahl fiel nicht auf seinen Bruder Mathias – er schloss ausdrücklich alle Verwandten und Freunde aus –, sondern auf den Stadtschreiber Johann Heydecke. Die Nähe Stoß' zu dem Intellektuellen resultierte aus dessen beiden Ämtern, die ihn bei der Anfertigung des Marienaltars zur Schnittstelle zwischen Rat und Klerus sowie dem Künstler machten. In Damm bei Stettin geboren, war Heydecke 1463 zum Studium der Freien Künste nach Krakau gekommen. Er war zentrales Mitglied der humanistischen Vereinigung »Sodalitas Vistulana« und nannte sich »Mirica« (südslaw., der Friedliche). Conrad Celtis widmete ihm als geselligem Gastgeber mit seinem Werk »De cena Miricae« (Über die Einladung bei Mirica; Odarum Liber I, 21) eine eigene Ode. Über die sich in den Quellen spiegelnde, vornehmlich geschäftliche Seite der Beziehung hinaus, muss Heydecke für Stoß als Türöffner in diesen Kreis fungiert und ihm damit die Möglichkeit zu humanistischer und theologischer Bildung verschafft haben, die er augenscheinlich auch nutzte.

SLACKERSCHES KRUZIFIX

Als am 25. Juli 1489, dem Jakobitag, der Marienaltar fertiggestellt war und geweiht wurde, änderte sich die Stoß'sche Auftragssituation erneut. Die für jeden am Altar ablesbare handwerkliche Kunstfertigkeit, Stoß' intellektuelle Neigungen und die vom Rat erwiesenen Ehrungen verhalfen ihm zu einer gesellschaftlichen Sonderstellung in der Stadt. Nicht zu vergessen ist hierbei erneut der mutmaßliche familiäre Hintergrund des Bildschnitzers, der ihm das Emporkommen aus dem Handwerkerstand und ein Durchbrechen der Standesschranken maßgeblich erleichtert haben dürfte. Die öffentlich entgegengebrachte Hochschätzung aus dem Krakauer Patriziat erregte die Aufmerksamkeit bis dahin verschlossener Kundenkreise. Nicht nur die geistige Elite der Stadt, sondern Adel, der hohe Klerus und sogar der König wandten sich nun mit Aufträgen an den Bildschnitzermeister.

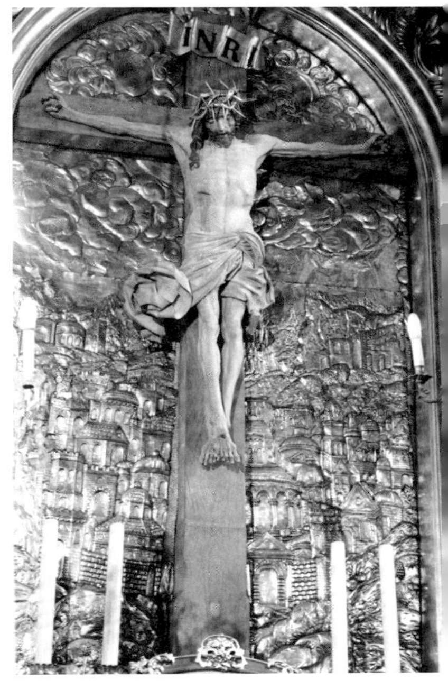

Kruzifix des Heinrich Slacker, Marienkirche, Krakau, um 1491

Um das Jahr 1491 ließ der vermögende Heinrich Slacker, königlich-polnischer Münzmeister, bei Stoß ein überlebensgroßes Kruzifix aus Kalkstein arbeiten, das er in die Marienkirche stiftete. Dort wurde es zunächst zehn Jahre ungefasst präsentiert und nach 1504 auf testamentarische Verfügung des Stifters zusammen mit zwei dazugehörigen Skulpturen, einer trauernden Maria und einem Johannes, gefasst. Heute ist es in einen barocken Altar integriert, der Christuskopf trägt eine überdimensionierte Dornenkrone. Das Slackersche Kruzifix ist das erste der von Stoß gefertigten Großkruzifixe, die mit ihrem expressiven Realismus und der anatomischen Genauigkeit seinen Ruf als Bildschnitzer über die Jahrhunderte auch mit geringem Interesse an spätgotischer Schnitzkunst tradierten. Es ist davon auszugehen, dass er – ganz im Sinne der humanistischen Bewegung – den männlichen Körper, auch im Zustand des Hängens, an einem lebenden Modell studierte. Ob Stoß an Leichen-Sektionen an der Krakauer

Universität teilnehmen konnte, ist unbekannt. An den italienischen Universitäten wurden diese bereits seit dem 14., im deutschsprachigen Raum, z. B. in Wien und Köln, seit Anfang des 15. Jhs. durchgeführt. Für Michelangelo Buonarroti ist aus dem Jahr 1494 überliefert, dass er zur Anfertigung eines Holz-Kruzifixes zwei Leichen zum detaillierten Studium der menschlichen Anatomie erhielt.

Der 2,53 m hohe Corpus, dessen Armspannweite 2,25 m beträgt, hängt an einem fast 4 m hohen Holzkreuz. Schwer fällt der leicht zur Seite gedrehte Kopf des Heilands auf seine vorgewölbte Brust. Das hagere, eingefallene Christusgesicht zeigt die erlittenen Qualen in tiefen Furchen, die sich über Wangen, Stirn und um die Augen ziehen. Der erschlaffte Mund und die gebrochenen Augen stehen im Tod leicht offen. Straff sind seine Arme am Querbalken bis zu seinen fixierten Händen entlanggeführt. Die sich deutlich abzeichnende Arm- und Schultermuskulatur setzt sich, den Zugkräften folgend, bis in den Brustkorb hinein fort. Der ausgespannte Leib hängt gestreckt vor dem senkrechten Kreuzbalken, die filigran gearbeiteten Füße sind übereinander genagelt. Unter der straffen Haut treten Rippen und Hüftknochen kantig hervor. Plastisches Adergeflecht überzieht netzartig den Körper. Die Wunden der Geißelung fehlen, jedoch klafft die Seitenwunde, aus der sich ein Blutstrom ergießt, unter dem rechten unteren Rippenbogen auf. Ein kunstvoll gefälteltes, mehrfach verschränktes Lendentuch verhüllt den Schambereich. Seine beiden Zipfel enden in in den Raum ausgreifenden, linear verspielten Faltengebilden. Das aus Stein gearbeitete Textil in seiner aufwändigen differenzierten Gestaltung bot Stoß eine exzellente Möglichkeit, seine Erfindungsgabe und sein hohes technisches Können zu demonstrieren.

Die Christusdarstellung mit gestrecktem Körper verweist auf das 1467 gefertigte und vielfach nachgeahmte Steinkruzifix des Niclas Gerhaert von Leyden (Stiftskirche, Baden-Baden) und legt hier einmal mehr eine detaillierte Auseinandersetzung des Bildschnitzers mit den Werken des niederländischen Künstlers nahe. Während jener den friedlichen Christus mit v-förmig ausgebreiteten Armen, schmächtigem und stilisiertem Leib darstellt, geht Stoß weiter, zeigt einen kraftvollen, anatomisch durchgebildeten Körper, lässt das Haupt Christi herabsinken und streckt die Armpartie bis in die letzte Faser. Anschaulich setzt er die in der mittelalterlichen Passionsliteratur mit dem Bild der gedehnten Saiten einer Harfe beschriebene qualvolle Streckung Christi am Kreuz um.

KASIMIR IV. JAGIELLO ALS KÖNIGLICHER AUFTRAGGEBER

Ob der amtierende polnische König Kasimir IV. (1427–1492) sein Grabmal (Heiligkreuzkapelle des Domes auf dem Wawel, Krakau) den damaligen Gepflogenheiten gemäß bereits zu seinen Lebzeiten bei Stoß bestellte oder ob der Auftrag auf seine Gemahlin, Königin Elisabeth, nach dessen plötzlichem Tod 1492 zurückzuführen ist, ist nicht eindeutig erwiesen. Letzteres vermeldet die königliche Chronik, jedoch setzt die Verwendung des außergewöhnlichen Materials der Deckplatte – ein seltener, schwierig zu bearbeitender, weißgefleckter Rotmarmor aus Adnet im Salzburger Land – zeitintensive Beschaffungsmaßnahmen voraus. Diese müssen den Arbeitsbeginn sehr verzögert haben. Stoß, der sich bereits im Vorfeld durch Arbeiten in Holz und Stein profiliert hatte, erhielt den Auftrag zwischen 1489 und 1492 und arbeitete bis 1494 unter Mithilfe eines Werkstattmitarbeiters, des aus Passau kommenden Steinmetzes Jörg Huber, daran. Beide Künstler signierten das Werk: Stoß gravierte sein Meisterzeichen, seinen Namen »Eit Stuos« (E entspricht in der ligierten Form FE) und die Jahreszahl 1492, das Todesjahr des Königs, in das Fußende der Deckplatte. Huber signierte eines der wohl von ihm gearbeiteten, aber von Stoß entworfenen Kapitelle.

Stoß verschmolz in seiner Konzeption über die Rezeption zweier Vorbilder bewusst die Begräbnistraditionen des polnischen Königshauses mit denen der Habsburger Kaiser und untermauerte damit den ebenbürtigen Machtanspruch der beiden Herrscherdynastien. Zum einen orientierte er sich an dem repräsentativen Typus des Hochgrabes des 1434 verstorbenen Vaters

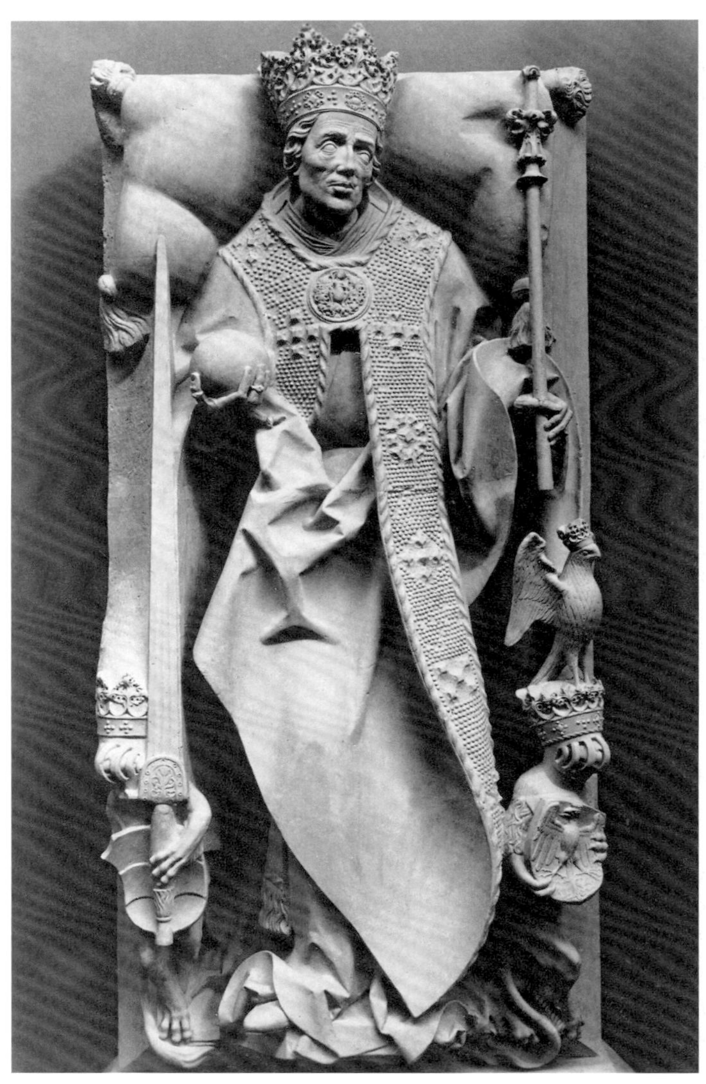

Grabplatte von Kasimir IV. Jagiello, Heiligkreuzkapelle des Domes auf dem Wawel, Krakau, 1492 (Gipsabguss)

von Kasimir IV., König Wladislaw II. Dieses befand sich in der Heiligkreuzkapelle auf dem Wawel, der Grablege der Jagiellonen-Herrscher. Die steinerne Tumba trägt eine figürlich gestaltete Deckplatte und wird von einem steinernen Baldachin überfangen, der auf acht Säulen ruht. An der Tumba befinden sich an zwei Seitenwänden Reliefs, die jeweils zwei klagende Männer zeigen, die die Wappen der vier Landesprovinzen Polen, Littauen, Dobrzyn und Kujavien in Händen halten. Das zweite Vorbild war die Deckplatte des Grabmals Kaiser Friedrichs III. in Wien, das Stoß aus eigener Anschauung bekannt gewesen sein dürfte. Die engen verwandtschaftlichen Beziehungen der beiden Herrscherhäuser und der starke künstlerische Einfluss von dort resultierten aus der Heirat Kasimirs IV. mit Elisabeth von Habsburg. Sie war die Tochter König Albrechts II. und der Elisabeth von Luxemburg und damit Enkeltochter Kaiser Sigismunds. Ihrem Vater folgte nach seinem frühen Tod 1439 sein Vetter Friedrich III. als römisch-deutscher König, ab 1452 auch Römischer Kaiser, nach, an dessen Hof Elisabeth aufwuchs. Friedrich III. beauftragte 1463, 30 Jahre vor seinem Tod, den niederländischen Bildhauer Niklas Gerhaert van Leyden mit dem Entwurf seines Grabmals. Dieser arbeitete ab 1468 die Deckplatte, verstarb aber bereits fünf Jahre später. Das Grabmal wurde erst 1513 nach dem ursprünglichen Entwurf fertiggestellt (Stephansdom, Wien). Auch das Material, der Adneter Rotmarmor, stimmt mit dem des Wiener Staatsmonuments überein.

Stoß' außergewöhnliche Leistung liegt in der Gestaltung der Figur des Königs, die auf ihrem Totenbett ruht. Bei Gerhaert ist der Habsburger Kaiser auf der Deckplatte in einem Schwebezustand zwischen Stand- und Liegefigur angesiedelt (sein Kopf ruht auf einem Kissen, die Füße sind in Schrittstellung wiedergegeben) und wird von den seitlich um ihn gelagerten, sorgsam ausgearbeiteten königlichen Insignien, Wappen und Attributen förmlich eingekesselt. Das Konzept fokussiert das überzeitliche kaiserliche Herrscheramt in seiner umfassenden Würde. Wiewohl Stoß den polnischen König ebenfalls als königlichen Amtsträger ausweist und ihn im repräsentativen Krönungsornat mit Krone, Insignien und zwei schildtragenden Löwen zu seinen Füßen zeigt, liegt sein Schwerpunkt auf dem individuellen Menschsein und der Persönlichkeit des Herrschers im Moment seines Sterbens. Ausdruckszentrum ist dessen Gesicht: Die schonungslos realistisch anmutenden, tief zerfurchten Züge Kasimirs mit den weit geöffneten Augen sind im Ringen mit dem Tod in höchster innerer Anspannung wiedergegeben. Sein Blick ist nach innen, bereits des göttlichen Lichtes ansichtig, gerichtet. Fast vollplastisch ausgearbeitet, liegt er eingesunken in ein weiches Polster. Die Figur entfaltet sich darin auf einer Tiefe von annähernd 40 cm. Diesen Eindruck verstärkt die spitz zulaufende vordere Gewandpartie des königlichen Mantels, die sich mit ihren tiefen Unterschneidungen und dynamischer Bewegung wie eine Raumschale über die Figur legt.

Über der Tumba erwächst auf acht Säulen als verheißenes Paradies ein imaginärer Himmel, der aus Kielbögen, die ein Netzgewölbe tragen, gebildet wird. Zum ergänzenden Programm gehörten acht Kapitelle, die Szenen aus dem Heilsplan von der Weltschöpfung bis zum Jüngsten Gericht zeigen, sowie auf dem heute veränderten Auszug Figuren von Christus, Maria und den Aposteln.

Die Individualisierung des Dargestellten und das Gesamtprogramm des Grabmals dürfte Stoß gemeinsam mit der Witwe des Verstorbenen und Beratern aus dem humanistischen Zirkel am Königshof entwickelt haben. Kopf dieser Gruppe war der italienische Humanist und Schriftsteller Filippo Buonaccorsi († 1496), der sich nach einem antiken griechischen Dichter »Callimachus Experiens« (lat. experiens = kundig, erfahren) nannte. Nachdem man ihn 1468 in Rom der Teilnahme an einer Verschwörung gegen Papst Paul II. beschuldigte, war er über Zwischenstationen 1472 als Exilant nach Krakau gekommen. In der polnischen Hauptstadt wurde er königlicher Sekretär, Erzieher der Prinzen und fungierte als Vertreter des Königshofes in diplomatischen Missionen in Italien und Konstantinopel.

An der Tumba befinden sich wie an dem Grabmal von König Wladislaw II. Seitenreliefs, die jeweils zwei Männer als Vertreter der vier Stände (Geistlichkeit, Rittertum, Bürgertum und Bauern) mit den Wappen der vier Landesprovinzen in den Händen zeigen. Diese acht Pleurants (Klagefiguren) verweisen auf Kasimirs staatspolitisches Ziel einer Gleichrangigkeit aller Stände gegen die Vorherrschaft des Adels. Callimachus hatte dazu auf seinen Auftrag hin ein Traktat verfasst. Insbesondere ein Detail verdeutlicht die Einflussnahme des Krakauer Humanisten auf die Grabgestaltung: Auf einer Gewandspange, die die perlen- und edelsteinbesetzte Bordüre des königlichen Krönungsmantels ziert, ist zwischen filigranen Ranken eine einen Stein gebärende Frau dargestellt. Hierbei handelt es sich vermutlich um Rhea, die antike Göttin des Lebenskreislaufes. Leben und Tod wurden damit als Teile des sich ständig reproduzierenden Lebens in einen tröstlichen symbolischen Kontext gestellt. Der Tod des Königs wird zum Beginn seines neuen Lebens.

Weitere Aufträge für Marmorgrabmäler wie das des Erzbischofs Zbigniew Oleśnicki des Jüngeren (†1493) im Dom zu Gnesen und des Bischofs von Kujavien, Piotr von Bnin (†1494), in der Kathedrale von Włocławek schlossen sich an. Beide Kleriker standen dem Humanisten Callimachus nahe. Das zuerst gearbeitete Grabmal des Gnesener Erzbischofs steht in der Tradition gotischer Grabmäler. Der Bischof wird als weltzugewandter Lebender in leichter Schrittstellung wiedergegeben und ist in reiche Dekorations- und Ornamentformen eingebunden. Stoß besinnt sich hier auf eine retrospektive Stillage, die den fortschrittlicheren Formenkanon der Liegefigur des Kasimir-Grabmals nicht übernimmt. Das Grabmal des Włocławeker Bischofs hingegen, das eine unklar datierte Dedikationsinschrift des Humanisten Callimachus ziert, schließt sich in der Gestaltung wieder enger an das Königsgrabmal an. Zudem orientiert sich die Scheintumba in ihrer Konzeption an italienischen Vorbildern. Diese stilistische Flexibilität Stoß'scher Werke zeigt nicht nur die Bereitschaft, als Geschäftsmann pragmatisch die vorgegebenen Auflagen der Auftraggeber zu erfüllen, sondern auch sein Streben, ihre Wünsche sensibel in der von ihnen präferierten Art und Weise umzusetzen und dabei mühelos zwischen traditionellen und fortschrittlichen Stilelementen zu variieren.

4 Rückkehr nach Nürnberg

STRATEGISCHE ERWÄGUNGEN

Stoß' scheinbar so kommode wirtschaftliche Situation in Krakau und das Fehlen jeglicher urkundlicher Nachrichten zu seinem Abschied aus der Stadt im Jahr 1496 werfen die Frage nach möglichen Gründen dafür auf. Eine Analyse seines Lebenswegs bis zur Ankunft in Krakau 1477 zeigt seine Bereitschaft zum Ergreifen von Chancen und zur Mobilität. Dies spricht dafür, dass der Bildschnitzer nach Fertigstellung des Marienaltars durchaus zu einem weiteren vorteilhaften Standortwechsel bereit gewesen sein dürfte. Doch zufriedenstellende Arbeits- und Lebensumstände in Krakau könnten den konkreten Entschluss immer wieder verschoben haben. Eine kontinuierlich einträgliche Auftragslage, gesellschaftliche Anerkennung und eine dominierende Stellung innerhalb der Handwerkerschaft in der polnischen Hauptstadt machten Stoß »zum Hecht im Karpfenteich der [Krakauer] Künstler« (Baxandall) und erwiesen sich als Hemmschuh für einen Ortswechsel.

Mitte des Jahres 1495 weisen die Krakauer Archivalien plötzlich eine auffällige Häufung von Eingaben an den Rat der Stadt durch den Bildschnitzer auf: Gemeinsames Anliegen ist die Einforderung von Außenständen – ein unangenehmes und zudem langwieriges Unterfangen, das sich im Fall eines Wegzugs vom Gerichtsort noch komplizierter gestaltet hätte. Der Nachdruck, mit dem Stoß gegen die säumigen Schuldner vorging, könnte auf eine von ihm geplante Ortsveränderung hinweisen, die freilich eher auf lange Sicht erfolgen sollte. Noch am 14. September 1495 übernahm er erneut einen Auftrag vom Krakauer Rat für einen Altar vor den Ratsherrnstühlen in der Marienkirche. Für die Notwendigkeit einer eiligen Abreise spricht jedoch wenige Monate später, am 10. Januar 1496, ein Gerichtstermin: Stoß akzeptierte eine Konventionalstrafe, da er den Auftrag für das Marmorgrabmal des Bischofs Creslaw Kuroswencki, den er wohl zu einem früheren Zeitpunkt übernommen hatte, zurückgab.

Die in Krakauer Archiven befindlichen Quellen zeigen deutlich, dass der 19-jährige Aufenthalt in der polnischen Hauptstadt den Bildschnitzer nicht nur in künstlerischer Hinsicht reifen ließ, sondern aus ihm auch einen routinierten Geschäftsmann machte. In Nürnberg wird er mit seinen Erfahrungen wenig später als versierter und risikofreudiger Unternehmer auftreten, der mit diversen Arten von Geldgeschäften vertraut war. Diese Beobachtung spricht dafür, dass die Beweggründe für seinen langfristig geplanten Umzug von Krakau nach Nürnberg weniger im privaten als vielmehr im wirtschaftlichen Bereich zu suchen waren. In den beiden Handelsstädten müssen sich fundamentale Veränderungen ergeben haben, die seine wirtschaftliche Existenz direkt betrafen und einen Standortwechsel interessant, wenn nicht sogar ratsam machten.

ANTIDEUTSCHES KLIMA

»Aber kein einziger Pole hatte Zuwendungen oder Spenden [für den Marienaltar] gewährt, sondern viele ergingen sich in Spott in der Meinung, das Werk finde nie ein Ende. Viele von ihnen sind denn auch durch die allerseligste Jungfrau Maria durch eine Menge von Widrigkeiten heimgesucht worden.« (vgl. Kasten, S. 41) Diese bereits zitierte, aber bislang unkommentierte Bemerkung in der Stiftungsurkunde des Marienaltars macht hellhörig, insbesondere deshalb, weil die erhaltenen Archivalien durchaus polnische Namen in der Liste der Spender für den Altar aufführen. Die Urkunde, deren genaues Entstehungsdatum ungewiss ist, aber ungefähr in die Zeit des Wegzugs von Veit Stoß fallen dürfte, spiegelt eine Entwicklung, die für seine Entscheidung, Krakau zu verlassen, mit ausschlaggebend gewesen sein mag. Sie könnte von ihm aufgrund seiner nationalen Zugehörigkeit als Vorbote einer zunehmend kritischen Auftragslage und von langfristig drohendem gesellschaftlichem Misskredit gedeutet worden sein.

Um die Jahrhundertwende verschärften sich durch das wachsende Standesbewusstsein der Polen die bereits lange Jahre unter der Oberfläche schwelenden antideutschen Tendenzen, die in der Urkunde aus den deutschstämmigen Reihen des Rates in Form einer Diskriminierung polnischer Spender eine gehässige Erwiderung erfuhren. Nicht nur in den Krakauer Ratsakten sind reichlich Beschwerden polnischer Kaufleute über die zahlreichen Niederlassungen deutscher Handelsgesellschaften dokumentiert. Diese machen deutlich, dass der Grund für die Entstehung und Eskalation in deren marktdominierender und klüngelhafter Geschäftstätigkeit lag. Realität war jedoch, dass der Grad der Polonisierung der teilweise über mehrere Generationen in der Stadt lebenden deutschstämmigen Familien über Einheirat in die einheimische Bevölkerung eine scharfe Trennung der Nationalitäten gar nicht mehr zuließ. Trotzdem beriefen sich die deutschstämmigen Kaufleute zum Erhalt der politischen und wirtschaftlichen Führungsposition solidarisch auf das gemeinsame Band ihrer Herkunft.

Früher Ausweis dieser ethnischen Animositäten war um 1477 eine nationalpolitische Streitschrift des polnischen Adeligen Jan Ostroróg mit der prononcierten Forderung staatlicher Reformen. Unter anderem kritisierte er die beherrschende Stellung der deutschstämmigen Bevölkerung in den städtischen Pfarrkirchen Polens: »*Welch unwürdiger, alle Polen beleidigender Zustand! An vielen Orten werden in unseren Kirchen die Predigten in deutscher Sprache gehalten, und was noch ungerechter ist, von hoher und würdiger Stelle [Kanzel], wo es ein oder zwei alte Weiber hören, während die Masse der Polen mit ihrem Prediger sich irgendwo in der Ecke herumdrückt. Sollen sie [P]olnisch lernen, wenn sie unbedingt in Polen leben wollen.*« (zitiert bei Kepinski). In Krakau fanden die die Predigtsprache in den Kirchen betreffenden Auseinandersetzungen erst 1537 mit einer Anordnung König Sigismunds I. Jagiello ein Ende: Die polnischen Gläubigen wechselten in die Marienkirche am Marktplatz, in der sich der Schnitzaltar von Veit Stoß befand. Die deutschsprachige Minderheit musste fortan ihre Gottesdienste in der kleineren Barbarakirche abhalten.

Ein zweites gewichtiges Argument für Stoß' Wunsch nach Veränderung könnte auch in einer bereits mehrjährig stagnierenden Entwicklung seiner Werkstatt gelegen haben. Die

Anzahl eigenhändig von ihm gearbeiteter Werke nach 1489 wie auch die Quellen zu weiteren Aufträgen machen wahrscheinlich, dass der Bildschnitzer nach Fertigstellung des Marienaltars die Anzahl seiner Mitarbeiter dezimieren musste und dann vermehrt selbst zu Schnitzmesser und Meißel griff. Im Bedarfsfall, wie bei der Arbeit an dem Marmorgrabmal des Königs, suchte er sich kompetente Mitarbeiter. Auch hier ist von einer eingeschränkten Auswahl für Stoß auszugehen, gehörte Krakau doch nicht zu den Magneten der Gesellenwanderschaft künstlerischer Berufe. Der Entwicklung einer großen, produktiven Werkstatt, wie er sie beispielsweise aus Nürnberg von Michael Wolgemut kannte, waren aufgrund der geringeren, nur nationalen Nachfrage Grenzen gesetzt. Das provinzielle Krakau konnte es diesbezüglich mit der international aufgestellten, pulsierenden Handelsmetropole Nürnberg, wo Geschäftskontakte aus ganz Europa zusammenliefen, nicht aufnehmen. Möglich wäre auch, dass der Nürnberger Rat eine »Zurückwerbung« Stoß' betrieben hatte, um die künstlerische Außenwirkung der Reichsstadt mit dem erfolgreichen Bildschnitzer noch zu erhöhen.

BLÜTEZEIT IN NÜRNBERG

Die fränkische Reichsstadt hatte sich während der langen Abwesenheit Stoß' zu einem der wichtigsten Handels- und Finanzzentren im europäischen Raum entwickelt und lag hinter Florenz, Venedig und Paris ranggleich mit London auf dem vierten Platz der größten Städte Europas. 1497 beherbergte Nürnberg innerhalb seiner Stadtmauern um die 28 000 Menschen. Die Zahl darf nochmals verdoppelt werden, wenn man die Bewohner der »Alten Landschaft« vor den Toren der Stadt dazurechnet. Das flächenmäßig weitgespannte Landgebiet, das unter der Oberhoheit der Reichsstadt stand und deren Schutz und Versorgung sicherte, umfasste 780 Ortschaften.

Neben der europaweit gespannten lukrativen Handelstätigkeit, dem hocheffektiven metallverarbeitenden Handwerk und einer hohen technischen Innovationsfähigkeit profilierte sich Nürnberg nun auch als Druckerstadt. Schon bald nach Erfin-

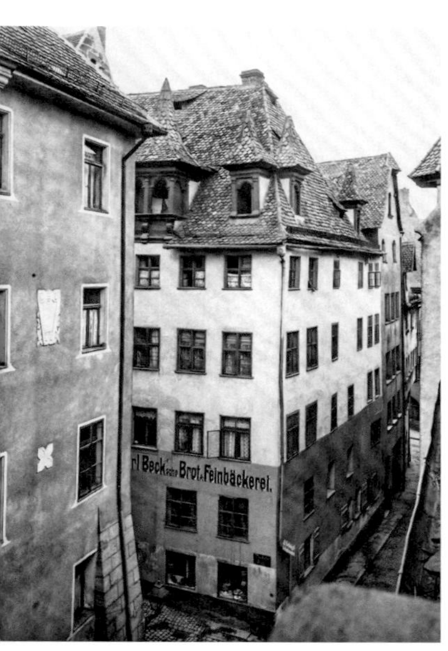

Wohnhaus des Veit Stoß in der Prechtelsgasse in Nürnberg. – Vorkriegsaufnahme

dung des Buchdrucks erkannten die ortsansässigen Kaufleute das große wirtschaftliche Potential des neuen Mediums und investierten eifrig in die Bildungs- und Wissenssparte. Erfolgreichstes Unternehmen war die Offizin des Buchdruckers Anton Koberger. Sein Verlag gehörte mit zahlreichen Neuauflagen bis 1505 zu den führenden Unternehmen auf dem europäischen Buchmarkt.

Das intellektuelle Zentrum der Reichsstadt bildete eine Gruppe gebildeter und weit vernetzter Humanisten, die sich größtenteils aus vom Studium in Italien zurückgekehrten Nürnberger Patriziersöhnen zusammensetzte. Diese hatten sich während ihrer Aufenthalte in den italienischen Universitätsstädten der humanistischen Bildungsbewegung angeschlossen und pflegten und verbreiteten nun ihre an der Antike orientierten geistigen, moralischen und ästhetischen Ideale. Gut sortierte Bibliotheken ermöglichten die weitere Wissensaneignung und -vertiefung. Eine wichtige Persönlichkeit in diesem Kreis war der Ratsherr, Jurist, Diplomat, Feldhauptmann und Dürer-Freund Willibald Pirckheimer (1470–1530). Er unterhielt neben seinen städtischen Ämtern zahlreiche Brieffreundschaften mit führenden nationalen und internationalen Intellektuellen, fungierte als Berater Kaiser Maximilians I., schrieb, dichtete und übersetzte klassische Werke aus dem Lateinischen und Griechischen. 1501 erwähnt ihn der Humanist Conrad Celtis als Mitglied der von ihm gegründeten »Sodalitas litteraria Rhenana«.

Conrad Celtis' Norimberga

Ein Büchlein über Ursprung, Lage, Einrichtungen und Gesittung Nürnbergs, 1502

»Trotzdem kann es Nürnberg hinsichtlich der Marktpreise und des Warenangebotes mit jeder deutschen Stadt aufnehmen, ob sie nun an den großen Strömen oder an den berühmten Häfen der Ost- und Nordsee erbaut sind. Schon oft hat ja diese Stadt dreißig bis vierzig Fürsten, den Kaiser und Könige verpflegt und alles, was ihr Gefolge brauchte, bereitgestellt. Es fehlt ihr nämlich an nichts, wonach der verwöhnte Geschmack eines Königs oder unsere trunksüchtige Gesellschaft oder natürliche Bedürfnisse verlangen: Wein und Korn, Öl und Salz, Fleisch, Fisch und Gesalzenes, Wild und Geflügel und alle Lebensmittel sind in überreicher Fülle vorhanden und zwar zu einem völlig angemessenen Preis, gleich als hätte sie alles selbst produziert. [...] Das alles können sich für das Geld, das die Kaufleute mit ihrem Handel in die Stadt bringen, die Bürger und Handwerker kaufen und damit ihren Unterhalt bestreiten; so leben sie, wie sie selbst sagen, nicht von der Erde, dem Himmel oder der Luft, sondern allein vom Geld. [...] Sehe ich mir euer Land an, finde ich Wald, Sand und Staub. Betrachte ich euren Fluss, denke ich mir, dass ein Hirsch darüber springen kann – und das ist euer Weltmeer, eure Rhône, euer Rhein, eure Donau. [...] Ich aber bete um ihren Erfolg, ihren Wohlstand, ihren Bestand und dass die unsterblichen Plätze und die schicksalsmächtigen Genien, die bei euch heimisch und zu Gast sind, sie [die Stadt], wenn meine Segenswünsche etwas bewirken können, in ihrem Glück erhalten und behüten, solange sich am Himmel die Gestirne drehen, solange an den Küsten wild die Winde wehen.«

Der weitgereiste Celtis hielt sich mehrmals in Nürnberg auf und war mit den örtlichen Gegebenheiten gut vertraut. 1502 veröffentlichte er als Anhang seiner »Amores« (Vier Bücher über die Liebe) die »Norimberga«, eine in Prosa gehaltene, am antiken Städtelob orientierte Stadtgeschichte und -beschreibung des zeitgenössischen Nürnbergs. Sie sollte Teil der von ihm geplanten groß angelegten »Germania illustrata« werden, die jedoch nicht verwirklicht wurde. Die fränkische Reichsstadt erklärte er zum *»glänzende[n] Schmuckstück«* im Heiligen Römischen Reich.

SPONTANER AUFBRUCH UND ANKUNFT

Das als allmählicher Prozess geplante Abwickeln von Stoß' Krakauer Geschäften muss noch im Januar 1496 ein plötzliches Ende mit einem kurzfristigen Aufbruch nach Nürnberg gefunden haben. Die Auflösung seiner Werkstatt und der Verkauf seines Hauses dürften sehr schnell vollzogen worden sein, denn am 27. Februar 1496 findet sich im Bürger- und Meisterbuch der Reichsstadt ein Vermerk, der ihm mit Frau und Kindern erneut das Nürnberger Bürgerrecht zusprach. Der Grund für den übereilten Wegzug aus Krakau muss im privaten Bereich zu suchen sein. Plausibelste Erklärung ist eine plötzliche oder sich verschlimmernde Erkrankung seiner Ehefrau Barbara, die schon fünf Monate später, am 28. Juli 1496, verstarb.

Stoß kehrte als gut situierter Bürger in die Stadt zurück. Der 1497 von ihm für sich und weitere drei Familienangehörige entrichtete Gulden für den Gemeinen Pfennig, eine Reichssteuer des Kaisers zur Finanzierung seiner Kriege, lassen auf ein stattliches Vermögen seinerseits von mindestens 1000 Gulden schließen. Mit diesem finanziellen Polster gehörte er zur oberen Mittelschicht der Reichsstadt.

Zunächst mietete er auf der Lorenzer Seite, im Frauenbrüderviertel am Alten Rossmarkt (heute Adlerstraße), ein Haus in guter Wohnlage. Der Tod seiner Frau wird ihn auch angesichts der Versorgung seiner noch in seinem Haushalt lebenden Kinder sehr belastet haben. Jedoch waren einige von Barbaras Geschwistern als verwandtschaftlicher Beistand in der Stadt ansässig. Die familiäre Nähe zeigt sich noch 1518: Stoß' Schwager Konrad Hertz, der nach dem Tod seines Vaters Ulrich den Gasthof in der Winklerstraße weiterführte, bestellte bei

Judenpogrome in Nürnberg

Nürnbergs mittelalterliche Stadtgeschichte verzeichnet drei große Judenpogrome. Erstmalig wurde die seit Anfang des 12. Jhs. in der Stadt bestätigte jüdische Gemeinde im Jahr 1298 während der Rintfleisch-Verfolgung wegen angeblicher Hostienschändung ausgelöscht. 628 Menschen verloren dabei ihr Leben. 50 Jahre später, im Dezember 1349, kam es zu erneuten Vorwürfen gegen die Juden. Diesmal wurden sie der Brunnenvergiftung und Pestverbreitung angeklagt. In einer einzigen Nacht verbrannten die Nürnberger, die das mittig in der Stadt gelegene Areal des Judenviertels für ihre Zwecke vereinnahmen wollten, mit Billigung Kaiser Karls IV. 562 Menschen. Die Juden, die das Massaker überlebten, wurden enteignet und aus der Stadt vertrieben. Große Teile des Judenviertels wurden eingeebnet und zum Haupt- und Obstmarkt umgenutzt. Auf die Fundamente der zerstörten Synagoge stiftete der Kaiser die Frauenkirche. Viele der ausgewiesenen heimatlosen Juden kehrten nach kurzer Zeit in die Stadt zurück. Im östlichen Sebalder Stadtviertel wurde ihnen ein neues Areal zugewiesen, das ghettoartig gegen die Stadt abgeriegelt war.

Das dritte Judenpogrom verlief unblutig: Auf Drängen des Nürnberger Rates entzog Kaiser Maximilian I. den Juden 1498 seinen Schutz und ordnete an, ihre Nürnberger Liegenschaften als königliches Kammergut einzuziehen. Vorgeworfen wurde ihnen nun – neben ihrer angeblich unkontrolliert anwachsenden Zahl – *»manigfeltig böser gefährlicher unnd behender wucherlicher Händel«*. Unmittelbarer Auslöser für diese Anklage war die Legalisierung der Geldleihe gegen Zinsen durch den Kaiser, die die jüdischen Kreditgeber in der Stadt überflüssig machte. Anfang 1499 gingen ihre Häuser in städtisches Eigentum über, die Enteigneten mussten kurz danach ausnahmslos die Stadt verlassen. In den folgenden 350 Jahren sollte kein Jude mehr als Nürnberger Bürger aufgenommen werden.

ihm ein Flachrelief mit einer Verkündigung für die Kirchentür der Frauenkirche am Hauptmarkt.

Im Jahr 1497 heiratete Stoß zum zweiten Mal. Seine Wahl fiel auf die Anfang 20-jährige Christina, Tochter des verstorbenen Losungschreibers Johann Reinolt. Sie erhielt aus der Erbschaft ihres Vaters 200 Gulden Mitgift und war damit eine gute Partie. Die junge Frau gebar ihm vier Söhne (Veit, Johannes Evangelista, Willibald und Martin) und eine Tochter (Margarete).

1499 erwarb er für 800 Gulden ein stattliches Anwesen mit Hinterhaus und Hof in der Prechtelsgasse 14 (heute Martin-Treu-Straße) im Salzmarktviertel der Sebalder Seite, in dem er mit seiner Familie wohnen und auch die Werkstatt unterbringen konnte. Das Haus stand zum Verkauf, da der ehemalige jüdische Besitzer kurz vorher im Zuge eines Pogroms aus der Stadt vertrieben worden war. Vergleicht man die Kaufsumme des Hauses mit dem Betrag von 553 Gulden, den Albrecht Dürer zehn Jahre später in sein heute noch erhaltenes Wohnhaus investierte, wird deutlich, wie finanziell saturiert der Handwerksmeister war. Er konnte die Kaufsumme fristgerecht bezahlen und logierte und arbeitete nun mitten unter seinen Auftraggebern. Später erwarb er noch einen eigenen Garten vor dem Inneren Laufer Tor am Treibberg.

KÜNSTLERISCHER WETTBEWERB

Das künstlerische Leben in der Reichsstadt hatte sich während Stoß' Abwesenheit stark verändert. Einer direkten und ernst zu nehmenden Konkurrenz in seinem eigenen Handwerk war der Bildschnitzer nach seiner Rückkehr zu seinem Vorteil zwar nicht ausgesetzt, jedoch hatten sich zum Teil jüngere talentierte Handwerker in anderen Kunstgattungen und benachbarten Handwerken profiliert und internationale Anerkennung auf sich gezogen. Neue Kunstströmungen vor allem aus Oberitalien und dem Donauraum, die Stoß in Krakau nur peripher erreicht hatten, bestimmten nun den Kunstmarkt. Eine gewaltige Herausforderung für den fast 50-jährigen Bildschnitzer!

Neben Stoß sind heute drei Namen untrennbar mit der künstlerischen Blüte der Reichsstadt Ende des 15. Jhs. verbunden. Allen voran der Mitte 20-jährige Albrecht Dürer (1471–1528), der sich vier Jahre nach Stoß' Rückkehr in seinem Selbstbildnis im Pelzrock (Alte Pinakothek, München) als »Albertus Durerus Noricus« bezeichnen sollte. Die latinisierte Form seines Vor- und Nachnamens, die auf sein vom Humanismus geprägtes Selbstverständnis als Mensch und Künstler anspielte, ergänzte er stolz mit dem Namen seiner Herkunftsstadt. Allein die »Noris« – ein Beiname der Reichsstadt – hatte ihm mit ihren internationalen Kontakten seine bemerkenswerte künstlerische Entwicklung und seinen Aufstieg ermöglicht. Dürer lebte, unterbrochen von mehreren Studienreisen, zeit seines Lebens in seiner Geburtsstadt. Er war Motor der epochemachenden Wende von der Kunst der Spätgotik zu der der Renaissance nördlich der Alpen. Neben seiner Tafelmalerei und seinen theoretischen Schriften sollte vor allem Dürers druckgrafisches Werk internationale Wertschätzung erfahren. Seine hohe technische Brillanz, seine außergewöhnliche bildnerische Gestaltungskraft wie seine geistige Agilität machten ihn europaweit zu einem der wichtigsten Renaissancekünstler.

Da der Schwerpunkt des Nürnberger Handwerks zu jener Zeit auf dem metallverarbeitenden Gewerbe lag, waren die Rotschmiede ein wichtiger Erwerbszweig in der spätmittelalterlichen Reichsstadt. Bekanntester Meister war Peter Vischer der Ältere (um 1455–1529). 1488 hatte er von seinem Vater die Rotschmiede übernommen, führte sie zum Erfolg und nahm nach 1500 seine auch in Italien geschulten Söhne in den Betrieb auf. Er vertrieb europaweit Messinggüsse, insbesondere Grabplatten. Inwieweit die Entwürfe und die dazugehörigen Modelle aus seiner Hand stammten, ist allerdings umstritten. Hauptwerk und eine der Spitzenleistungen deutscher Renaissanceplastik ist das von ihm und seinen Söhnen entworfene und nach langen Vorplanungen verwirklichte Grab des heiligen Sebald in gleichnamiger Kirche in Nürnberg. Spätgotische Elemente vereinigen sich hier mit norditalienischem Formengut und einem Figurenensemble aus der antiken Mythologie. Gegossen wurde das großräumige Schutzgehäuse um den Reliquienschrein des

Stadtheiligen zwischen 1508 und 1519. Der Nürnberger Rat brachte dafür die stolze Summe von 3145 Gulden auf.

Engster Stoß'scher Rivale auf dem Gebiet der Steinbildhauerei war Adam Kraft (1455–1509), der in den späten 1490er-Jahren auf dem Höhepunkt seines Kunstschaffens stand, das allerdings aufgrund der eingeschränkten Mobilität seiner Werke vor allem regional nachgefragt war. Kraft arbeitete 1490 bis 1492 das Schreyer-Landauer-Epitaph an St. Sebald, das, zwischen zwei Strebepfeiler am Außenbau des Ostchores eingebracht, in drei monumentalen Reliefszenen Kreuztragung, Grablegung und Auferstehung zeigt. 1496 stellte er das Sakramentshaus in St. Lorenz fertig. Vergleichbar einem gotischen Türmchen erhebt es sich reich verziert und mit Figuren besetzt in mehreren Stockwerken über 20 m hoch. Getragen wird das Gehäuse von drei fast lebensgroßen Figuren, deren mittlere, mit Meißel und Klüpfel ausgestattet, den Bildhauer selbst zeigt. Kraft war ein brillanter Techniker, dessen Beherrschung des Sandsteins in seiner variierenden Plastizität sein hohes handwerkliches Können zeigt.

Veit Stoß war nicht nur bereit, sich dem künstlerischen Wettbewerb in seinem eigenen Handwerk zu stellen und sich weiterzuentwickeln, sondern er versuchte sich auch in den lukrativen Domänen der bereits positionierten Nürnberger Künstler. Der hohe Grad an eigenhändigen Werken bis 1503 lässt den Rückschuss zu, dass er nur wenige Mitarbeiter beschäftigte und vor allem selbst arbeitete, um seine neuen Auftraggeber durch eine konstant hohe Qualität und Verfeinerung zu überzeugen.

FULMINANTER AUFTAKT: VOLCKAMERSCHE GEDÄCHTNISSTIFTUNG

Gleich das erste Bildwerk, das von Stoß in Nürnberg erhalten ist, zeigt das hohe Renommee, das er bei den Auftraggebern in der Reichsstadt genoss. 1497 bestellte der angesehene und mächtige Ratsherr Paulus Volckamer eine monumentale, aus Sandstein zu fertigende Familien-Gedächtnisstiftung für den Chor der Sebalduskirche. Den Zuschlag für den repräsentati-

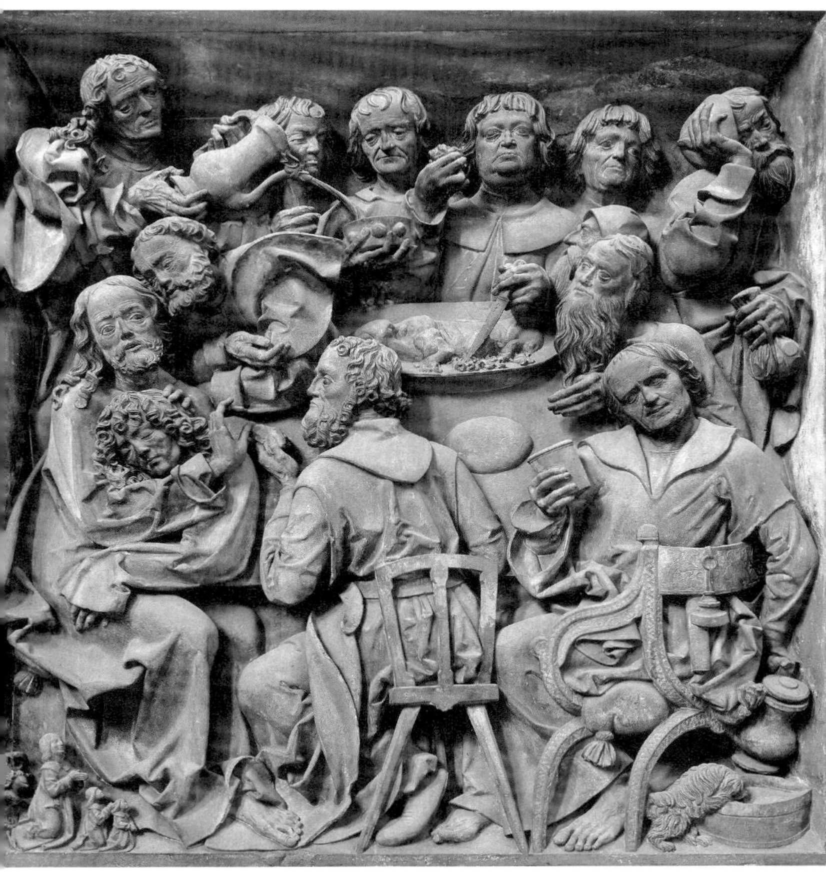

Abendmahl. – Relief aus der Volckamerschen Gedächtnisstiftung, St. Sebald, Nürnberg, 1499

ven Anbringungsort unter der markgräflichen Fensterstiftung hatte Volckamer vom Rat der Stadt erhalten. Zusätzlich stiftete er eine wöchentliche Abendmahls- und Angst-Christi-Andacht, die jeden Donnerstag vor dem Wandepitaph abgehalten werden sollte.

Stoß konzipierte drei schon von weitem sichtbare, annähernd quadratische, in 2,20 m Höhe angebrachte Sandsteinreliefs (4,85 x 2 m), die wie eine Schauwand den Wandabschnitt vollständig ausfüllen. Damit trat er in direkten Wettstreit zu dem bisherigen Stein-Monopolisten in der Stadt, dem Bildhauer Adam Kraft und seinem Epitaph für Sebald Schreyer und Matthäus Landauer am Außenbau derselben Kirche. Stoß' gängige Szenenauswahl bediente die Frömmigkeitspraxis des späten 15. Jhs. Sie zeigt das letzte Abendmahl als Einsetzung der Eucharistie und damit Verheißung des ewigen Lebens, den betenden Christus am Ölberg mit der tröstlichen Botschaft des Gebetes als Hoffnungsträger in der Not und seine Gefangennahme, die zu intensivem Mitleiden aufrief. Der Auftrag beinhaltete auch die Abbildung des Stifters und seiner Familie in betender Haltung, die Stoß kleinformatig in die Ecken der beiden äußeren Szenen einfügte. Zur Stiftung gehörte auch eine beidseitig über den Reliefs angebrachte Figurengruppe eines sieghaften Schmerzensmannes und einer auf ihn bezogenen Mater dolorosa (schmerzensreiche Mutter), die Stoß wohl aus statischen Überlegungen heraus aus Eichenholz fertigte und mit einer steinimitierenden Fassung versah.

Die drei Reliefs wirken aufgrund ihrer konstanten Tiefe (22 cm) fast wie vollplastische Arbeiten. Stoß fokussierte sich ausschließlich auf das figürliche Geschehen und verzichtete größtenteils auf ausladende Gewanddrapierungen, raumdefinierende Elemente und perspektivische Korrektheit. Die Szenen sind bis zu den Reliefrändern prall mit individuell, lebensnah und detailliert gezeichneten Figuren gefüllt, die mit ihrer expressiven Gestik und Mimik den Betrachter unmittelbar ansprechen. Die profan gehaltene Abendmahlszene, die einem Zechgelage porträthaft gestalteter Apostel gleicht, erregte schon bald nach Fertigstellung mit ihrem Verismus die Gemüter der Nürnberger Gläubigen und führte zur Identifizierung einzelner Nürnberger Patrizier mit den Aposteln. Lediglich die Gruppe von Christus, Johannes und Petrus setzt sich von diesem Geschehen ab und zeigt sich in sich gekehrt.

Stoß' künstlerisches Selbstbewusstsein äußerte sich in der offensichtlichen Anbringung seiner Signatur: Im Krummsäbel des rechten Schergen der Gefangennahme prangt kunstvoll verziert sein Name »Vit Stuoß«, ergänzt um die Jahreszahl der Fertigstellung 1499.

KLEINES UND GROSSES *»PRUCKENWERK«*

Im Zuge späterer Konflikte mit dem Rat der Stadt sind Forderungen von Stoß erhalten, die ihn in seinen Nürnberger Anfangsjahren vermehrt als Baumeister reichsstädtischer Baumaßnahmen dokumentieren. Sein Ansehen, das er sich in Krakau erworben hatte, dürfte für diese Verpflichtung ausschlaggebend gewesen sein. Ob sich damit ein anfänglicher Mangel an Aufträgen für Schnitz- und Steinbildwerke zeigt, ist nicht mehr nachzuweisen. Es ist eher anzunehmen, dass Stoß sich als Neuankömmling in seiner ganzen Vielseitigkeit präsentieren wollte und vielleicht auch langfristig auf eine Steuerbefreiung wie in Krakau hoffte.

Auf Wunsch des Rats hatte er kurz vor dem Jahr 1498 ein kleines Brückenmodell angefertigt, das die technische Konstruktion verdeutlichen sollte, die zu einer Überbrückung der Pegnitz an einem nicht mehr genau bestimmbaren Ort innerhalb der Stadtmauern nötig war. Die ingenieurtechnisch größte Herausforderung stellte das sandige Flussbett dar. Das Stoß'sche Modell und die von ihm geplante Umsetzung des Brückenbaus müssen die Erwartungen des Rates erfüllt haben, denn der Auftrag wurde ihm übertragen. Nach erfolgreicher Fertigstellung stellte man ihm jährlich 150 Gulden als Leibgeding in Aussicht. Letztendlich scheint das Vorhaben jedoch ins Stocken geraten zu sein, denn ausgeführt wurde auf Stoß' Kosten nur ein hölzernes Lehrgerüst, also eine Hilfskonstruktion, zur Errichtung eines (ersten?) steinernen Brückenpfeilers. Später wurde das Gerüst – ohne, dass er eine Bezahlung für seine Auslagen erhalten hätte – abgerissen.

Im gleichen Jahr wie das »große Pruckenwerk« führte Stoß die erfolgreiche Sanierung eines steinernen Brückenpfeilers in der Rednitz bei Stein durch. Ein weiteres Mal im Jahr 1503 und letztmalig 1509 taucht er in den Ratsakten als Bausachverständiger auf: Der Kirchenpfleger der Vorstadtkirche St. Sebastian hatte eine Mauer um die Kirche ziehen lassen, die dem Rat zu hoch erschien. Stoß sollte beurteilen, ob diese abgerissen werden sollte, da sie bei einem Angriff auf die Reichsstadt als Bollwerk der Gegner dienen konnte.

HAUSMADONNEN

Hausfiguren, meist Madonnen oder Heilige, waren in Nürnberg Ende des 15. Jhs. stark nachgefragt. Sie waren Ausdruck privater Religionsausübung und zeugten von der Frömmigkeit der Hauseigentümer. In erhöhter Position an Hausecken angebracht, sollten sie das Anwesen vor Unheil schützen. Es ist davon auszugehen, dass Stoß eine größere Anzahl anfertigte als heute erhalten ist.

Um das Jahr 1500 erhielt er den Auftrag für eine Hausmadonna aus Sandstein (Germanisches Nationalmuseum, Nürnberg) für ein Anwesen am Weinmarkt 12. Das Haus besaß eine auskragende Ecke, die mit der weithin sichtbaren Figur ausgezeichnet werden sollte. Er fertigte eine überlebensgroße, auf einer Rankenkonsole stehende apokalyptische Madonna auf der Mondsichel, wie sie im Text der Offenbarung (12,1–2) beschrieben ist. Auf ihrem rechten Arm hält sie einen nackten, spielenden Christusknaben. Ihre Körperhaltung, die Anordnung ihres Gewandes sowie die Licht-und-Schatten-Wirkung trugen dem besonderen Aufstellungsort Rechnung, der von drei Seiten einsehbar war. Wieder taucht hier der spitz zulaufende, wie ein Schild vor den Körper gelegte Gewandzipfel auf, der seit dem Kasimir-Grabmal in Krakau zu seinen typischen Gestaltungselementen gehörte. Die Figur wurde zudem farbig gefasst.

Vergleichbar gestaltet und wohl gleichzeitig entstanden ist eine nur 21 cm hohe, aus Buchsbaum geschnitzte Madonna auf der Mondsichel, die sich heute im Victoria and Albert Museum in London befindet. Auch sie trägt einen nackten Christusknaben auf dem Arm, der kindlich mit seinen Zehen spielt. Die kleine Figur ist allansichtig ausgelegt. Marias weites Manteltuch liegt wie eine raumschaffende Schale um ihren Körper. Ihr rechter Mantelzipfel ist wieder schildartig, aber hier zusätzlich spiralig gewunden und tief gefältelt vor ihre untere Körperhälfte drapiert. Kaskadenartig fallen ihr die langen, sorgfältig ausgearbei-

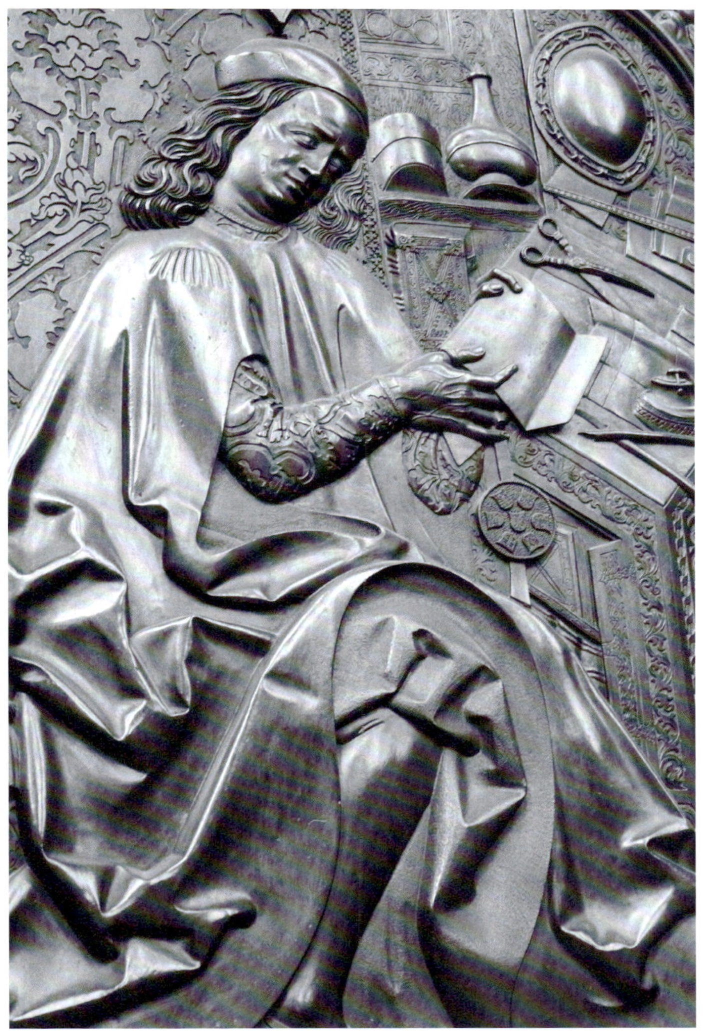

Grabplatte für Filippo Buonaccorsi gen. Callimachus aus der Dominikanerkirche, Krakau, 1497/1507

teten Locken über den Rücken. Die kleine Plastik wird von ihrem Käufer vermutlich als Andachtsbild genutzt worden sein, ist aber aufgrund der hohen handwerklichen Qualität der Schnitzerei gleichermaßen als erlesenes Sammlerstück zu denken.

GRABPLATTE FÜR CALLIMACHUS

Am 1. November 1496 war Callimachus, der führende Kopf der Krakauer Humanistenrunde und ehemaliger Geheimsekretär Kasimirs IV., verstorben. Da Stoß sich in Krakau bereits mit der Anfertigung des Königgrabmals profiliert hatte, eilte ihm der Auftrag aus der polnischen Hauptstadt nach. Callimachus war der ehemalige Erzieher des nun regierenden Königs Johann I. Albrecht, auf den die Stiftung der Platte und die sehr persönlich gehaltene Inschrift, die sich im unteren Teil befindet, zurückgehen dürften. Im Gegensatz zu den Stoß'schen Marmorgrabmälern des Königs und hoher Kleriker sollte das Grab des Intellektuellen in der Krakauer Dominikanerkirche eine Bronzeplatte mit Flachrelief zieren. Da die Durchführung eines Bronzegusses vom Rat der Stadt Nürnberg streng reglementiert wurde und nur dem geschworenen Handwerk der Rotgießer gestattet war, erstellte der Bildschnitzer lediglich das Modell und hier nur den figürlichen Anteil. Inschriftenplatte und Rankeneinfassungen sowie der Guss selbst oblagen der Vischer-Gießhütte. Diese Kooperation führt heute zu Schwierigkeiten bei der Datierung der einzelnen Teile: Während das Stoß'sche Modell schon relativ kurz nach dem Ableben des Humanisten entstanden sein dürfte, könnte sich die Durchführung des Bronzegusses bis zum Jahr 1507 hingezogen haben.

Stoß schnitzte das Relief für das Mittelfeld der Grabplatte, auf dem unter einem Kleeblattbogen mit Hahn und Schwan in den Zwickeln Callimachus in einem Studio an einem Schreibpult sitzt. Er ist im Amt des königlichen Sekretärs wiedergegeben und eben im Begriff, ein Siegel an einer Urkunde anzubringen. Der in großen Wellen um seine gespreizten Beine wogende Mantelsaum ist ein wesentliches Stoß'sches Stilkriterium der frühen Jahre nach der Rückkehr an die Pegnitz. Die enge stilistische Verwandtschaft zum Christusgewand der Ölbergszene des Volckamer-Epitaphs fällt sofort ins Auge. Stoß verzichtet im dargestellten Innenraum auf die Anwendung einer korrekten Zentralperspektive, so dass sich dem Betrachter bei den dargestellten Möbeln und Gegenständen ein Nebeneinander von leichten Unter- und Aufsichten bietet. Dagegen legte er großen Wert auf eine detaillierte Wiedergabe aller im Raum vorhandenen Oberflächenstrukturen: Die Textur des Gewandstoffes, des Brokats der Wandbespannung, Holzmaserung und -schnitzereien, von Leder, Fliesen und Metall wurden akribisch in das Schnitzmodell eingearbeitet und zeigen sich auch detailliert im Bronzeguss. Die Platte wirkt wie eine *»in die dritte Dimension übersetzte Graphik«* (Sello).

ERSTE INTERNATIONALITÄT: SCHWAZER ALTAR

Das zweitgrößte Altarwerk und zugleich ein Nachweis für die beginnende Nachfrage eines internationalen Kundenkreises nach Werken von Stoß ist bedauerlicherweise nicht mehr erhalten. Auftraggeber war im Jahr 1500 die reiche Kirchengemeinde von Schwaz in Tirol. Die Kontaktanbahnung könnte über die Nürnberger Fernhandelskaufleute zustande gekommen sein, die zu der seit Mitte des 15. Jhs. stark expandierenden Stadt enge Handelsbeziehungen unterhielten. Grund dafür waren die großen Silber- und Kupfervorkommen in der Region, die in der Reichsstadt für die Metallwarenproduktion von eminenter Wichtigkeit waren. Stoß fertigte für den Bürgerchor ein repräsentatives, zwischen 10 und 12 m hohes Triptychon mit einer szenischen Darstellung der Himmelfahrt Mariens über dem offenen Grabe im Mittelschrein. Nach nur drei Jahren hatte er die Arbeiten abgeschlossen, was für einen größeren Werkstattbetrieb spricht. Zerlegt in Einzelteile wurde der Altar über Land und dann per Schiff über Hall in Tirol transportiert. Stoß reiste persönlich vor Ort und baute ihn im Sommer 1503 im Bürgerchor der Schwazer Pfarrkirche auf. Als Honorar erhielt er 1160 rheinische Gulden. Der Altar wurde Anfang des 17. Jhs. im Zuge der Barockisierung des Kirchenraums abgebrochen.

KRUZIFIX DER NÜRNBERGER BURGKAPELLE

Als Großkruzifix aus Stoß'scher Hand wird das im Chor der Burgkapelle auf der Nürnberger Kaiserburg befindliche Lindenholz-Kruzifix diskutiert. Weder signiert noch archivalisch erwähnt, wird es ihm von der Forschung über eine Stilanalyse zugeschrieben und um das Jahr 1500 datiert. Auch der ursprüngliche Aufstellungsort ist ungewiss. In den 1830er-Jahren taucht es erstmalig in den Quellen als Ausstattungsgegenstand der Kapelle auf, die in dieser Zeit restauriert wurde. Gestaltungsprinzipien wie der tektonische Aufbau des Körpers und die Disposition des Brustkorbs mit wellig geformten Rippen stellen es in die Nähe des Slackerschen Kruzifixes in Krakau, jedoch verzichtet Stoß hier auf die Straffung der Beine und gibt sie leicht angewinkelt wieder. Gesichtsbildung und die Form der Dornenkrone stimmen mit dem Schmerzensmann des Volckamer-Epitaphs überein.

Interessant ist, dass der Corpus in seiner gesamten Länge von einem tiefen Riss durchzogen ist, der bereits während der Arbeit daran entstanden sein muss. Die Aushöhlung der Rückseite der Figur, die dazu dienen sollte, die im Trocknungsprozess des Holzes entstehenden Spannungen zu verringern, war zu gering ausgefallen. Der Bildschnitzer, der bei der Rissbildung wohl schon sehr weit mit den Arbeiten fortgeschritten war und das Werk nicht verwerfen wollte, trieb breite Holzkeile in die Öffnung, um diese zu verschließen. Nach Fertigstellung wurden zunächst ein überdeckender Kreidegrund und dann die farbige Fassung aufgebracht. Durch den Alterungsprozess bedingte Materialveränderungen führten im Laufe der Jahrhunderte zum Sichtbarwerden der originalen Ausbesserungsarbeiten.

5 Große Lebenskrise

RISIKOGESCHÄFTE

Veit Stoß besaß 1497 kurz nach seiner Ankunft in Nürnberg stattliche Ersparnisse, die nicht alleine von seinem Verdienst als Handwerker herrühren konnten. Sein stetig anwachsendes Vermögen lässt auf von ihm getätigte Geldgeschäfte schließen, deren Rekonstruktion allerdings nur mehr sporadisch möglich ist. Er scheint vor allem schwäbische Handelspartner und hier insbesondere Geschäfte im Osthandel, wo er eigene Erfahrungen einbringen konnte, präferiert zu haben. Finanziell interessant waren für ihn auch Investitionen in die reichsstädtische Wirtschaft: In der Losungstube legte Stoß 1501 und 1512 jeweils eine Summe von 1250 Gulden als Ewiggeld an, auf das er jährlich 50 Gulden Zins erhielt. Weder in der Krakauer Zeit noch aus den überlieferten Nürnberger Ratsverlässen lässt sich nachweisen, dass er bis zum Jahr 1500 in unseriöse Spekulationsgeschäfte verwickelt gewesen wäre.

Kurz vor der Jahrhundertwende stand Stoß mit der Tuchhändlerfamilie Baner in engem Geschäftskontakt. Das gut vernetzte Handelshaus aus Landau in der Pfalz unter der Leitung des in Breslau ausgebildeten Hans Baner unterhielt mehrere Niederlassungen und betrieb seine Handelsgeschäfte vor allem in Polen, Ungarn und Böhmen. Hans' Bruder Jakob war in Krakau langjährig als angesehener Kaufmann ansässig, bevor er zur gleichen Zeit wie Stoß die Stadt verließ, um sein Tätigkeitsfeld auf Nürnberg zu verlegen. Es liegt nahe, dass sich die beiden bereits vor der Ankunft in der Reichsstadt kannten und auf der vorher erworbenen Vertrauensbasis ihre engen geschäftlichen Beziehungen fortsetzten. Heinrich Deichsler, ein in Nürnberg beheimateter Bierbrauer, der das reichsstädtische Leben bis kurz vor seinem Tod im Jahr 1506 in einer Chronik festhielt, überliefert die Verwendung der vertraulichen Anrede »lieber« zwischen Stoß und Baner als Ausweis ihres engen Verhältnisses. Baner war nachweislich mit der Ravensburger Handelsgesellschaft wie auch mit der Nürnberger Kaufmannsfamilie Scheurl vernetzt.

Stoß investierte bei Baner im Jahr 1499 1000 Gulden in ein Spekulationsgeschäft auf Gewinn und Verlust, das dieser Anfang des Jahres 1500 mit einem Profit von 265 Gulden abschloss. Wiewohl Stoß Baner erneut eine Zusammenarbeit antrug, weil er das Geld nicht »feiern« lassen wollte, wies ihn dieser ab. Jedoch empfahl er ihm, die angewachsene Summe beim ebenfalls seit Kurzem in der Stadt ansässigen, ihm bekannten schlesischen Kaufmann Hans Starzedel anzulegen. Dieser betrieb zusammen mit den Brüdern Fritz und Otto Russwurm eine große Tuchhandelsgesellschaft. Stoß folgte seinem Rat und investierte die Summe am 25. Mai 1500 bei Starzedel in Tuche, die dieser auf der Leipziger Messe verkaufen sollte. Der Kaufmann fertigte Stoß einen Schuldschein über die bei ihm eingelegte Summe aus. Den eingesetzten Betrag erwartete der Gläubiger im darauf folgenden Jahr auf der Herbstmesse in Frankfurt oder am Michaelstag (29.9.) in Nürnberg mit Gewinn zurück.

Was Stoß nicht ahnte, war die Tatsache, dass der Rat Baners nicht uneigennützig erfolgt war, denn Starzedel steckte in Zahlungsschwierigkeiten. Er schuldete Baner 600 Gulden, die er diesem nun mit dem von Stoß investierten Geld erstatten konnte. Unklar ist bis heute, ob sich Stoß über den von Starzedel ausgestellten Schuldstein hinaus zur Absicherung auch von Baner eine Art Bürgschaft oder »Schuldzettel« ausstellen ließ, aus dem sowohl die Summe als auch die Beteiligung Baners am Geschäft hervorging. Stoß sollte später behaupten, dass so ein *»brieflein [Baners] für solch Gelt«* existiert hätte, ihm jedoch durch einen von dessen Knechten wieder abgenommen worden sei. Baner könnte dieses in dem Glauben verfasst haben, dass die Zwischenfinanzierung Starzedel sanieren und am Ende beide, er und Stoß, profitieren würden. Der drohende Konkurs im Laufe der Jahre 1500/01 könnte ihn dann dazu getrieben haben, sich der Verpflichtung gegenüber Stoß unter Einsatz seines Knechtes auf einfache Weise zu entledigen. Die von dem Bildschnitzer eingelegte Summe reichte zur Sanierung der Finanzen jedoch nicht aus. Starzedel geriet weiter in wirtschaftliche Schieflage, die zum Schaden seiner Gläubiger zum Bankrott sowie zu seiner Flucht aus Nürnberg führte.

GEFÄLSCHTER SCHULDBRIEF

Da Starzedel spurlos verschwunden war, strengte der von den beiden Kaufleuten betrogene Stoß beim Stadtgericht eine Klage gegen den belangbaren Jakob Baner wegen dessen *»buberej«* an. Mit dieser Maßnahme wollte er ihn zur Erstattung von 1121 Gulden zwingen. Der Differenzbetrag von 144 Gulden auf die Gesamtsumme war Stoß wohl bereits aus der Konkursmasse des Bankrotteurs zugeflossen. Als Nachweis für die Rechtmäßigkeit seiner Anklage berief er sich bei Gericht auf ein von Baner unterzeichnetes, in den Ratsakten »Schuldzettel« genanntes Dokument, das sich vorgeblich (noch) in seinem Besitz befand.

Der Prozess lief unter der Beteiligung von Christoph Scheurl dem Älteren sehr träge an. Erst in der Fastenzeit des Jahres 1503 verlangte das Gericht die Vorlage des Schuldzettels als Nachweis für Stoß' Anspruch, der daraufhin in die Bredouille geriet und ihn kurze Zeit später gekonnt mit Unterschrift und Siegel fälschte. Zur Schuldminderung behauptete der Bildschnitzer später vor dem Rat, sein mittlerweile verstorbener Beichtvater, ein Barfüßermönch, habe ihm zu dieser Selbsthilfe aufgrund der betrügerischen Umstände des Geldgeschäfts geraten und ihm für dieses Vorgehen Absolution erteilt.

Das Dokument war laut überliefertem Eintrag in die Ratsakten so gelungen, dass selbst der Aussteller, der gegnerische Jakob Baner, sich zunächst nicht sicher war, ob es sich bei der Urkunde nicht um ein Original handele. Dies spricht indirekt dafür, dass ein solches Schreiben ursprünglich wohl *doch* von Baner ausgestellt und Stoß dann entwendet worden war. Nach kurzer Irritation ging Baner jedoch dazu über, seine Beteiligung an dem Spekulationsgeschäft zwischen Stoß und Starzedel vehement abzustreiten. Den Schuldschein wies er als gefälscht zurück, woraufhin sich das Verfahren weiter hinzog, da nun zusätzlich die Frage nach der Urheberschaft der Fälschung im Raum stand. Nach und nach verhärtete sich der Verdacht der Urkundenfälschung gegen Stoß, so dass dieser sich im Herbst 1503 in das Karmeliterkloster, in das sein Sohn Andreas als Mönch eingetreten war, in Kirchenasyl flüchtete.

Ein weiterer listiger Schachzug oder aber seine dubiose Rolle in dem anhängigen Rechtsstreit ließen Baner, der wohl seine Ehrbarkeit in Nürnberg in Gefahr sah, im Oktober 1503 Stoß heimlich im Kloster aufsuchen, um ihm einen Vergleich anzubieten. Dieser, abgeschottet und in die Enge getrieben, willigte ein und anerkannte am 29. Oktober in einem von drei Nürnberger Bürgern bezeugten Vertrag, den Schuldbrief irrigerweise Baner zugeschrieben zu haben; auch glaube er nicht mehr an die Echtheit des Schuldzettels. Er verpflichtete sich, auf die gesamte Summe von 1121 Gulden zu verzichten, Baner für die entstandenen Kosten Schadensersatz zu leisten und von einer Revision des noch ausstehenden Urteils abzusehen. Baner verzichtete im Gegenzug auf alle weiteren Ansprüche und sollte den falschen Schuldschein ausgehändigt bekommen. Abgemacht wurde auch, dass der Vertrag bis zur Verkündigung des endgültigen Urteils durch das Gericht geheim gehalten und dann die Angelegenheit für endgültig abgeschlossen erklärt werden solle.

Der leichtgläubige Stoß fühlte sich rundherum abgesichert – ungeachtet dessen, dass er sich durch die Flucht ins Kloster und die Anerkennung der Fälschung höchst verdächtig gemacht hatte. Auch die Ablehnung des von ihm beim Rat erbetenen freien Geleits mit der Zusage, ihn bis zum Ende des Prozesses nicht zu verhaften, machte ihn nicht hellhörig. Am 16. November verließ er an der Seite seines Schwiegersohnes Jörg Trummer das Kloster. Umgehend ließ ihn der Rat als Urheber des gefälschten Schuldscheins verhaften und in das Lochgefängnis sperren. Vermutlich hatte Baner den Rat über den Inhalt des Vergleichs informiert und Stoß damit ausgeliefert.

Beim anberaumten Verhör, das sich über mehrere Tage unter gütlichem Zureden und Drohungen, aber ohne *»peinliche Marter«* hinzog, gestand Stoß die Tat. Laut Strafgesetz der Reichsstadt Nürnberg konnte ihm diese den Tod durch das Feuer einbringen. Das Urteil stand jedoch noch aus.

»Veyt Stossen bekandtnuß«

»Acta am freyttag nach Martini Anno usw. Tercio [17. November 1503].

Veit Stoß Burger hie:

Sagt. Er wisse nit anders dann man hab ihm gestern vor dem Rathaws gefanngen. Er wisse der wrsach nit darumb man ine gefangen. Es sey dann von des Boners wegen, derselbig hab ime, wie man wiß, umb ailffhundert ein und zwainzigk guldein und ein ort angefuret, und ine darnach desselben Gelts halben an den Starzedel geweist; derselbig Boner hab ime auch ein brieflein für solch Gelt geben. Aber ime das nachuolgend durch ein sein knecht wider abhenndig gemacht, und ine also böߟlich umb das sein betrogen. Wie er dann zum öfftern mal sich beclagte und sonderlich hab er seinen peichtvatter zu den Barfussen der syder gestorben, dem vor weyennachten in dem advent nechstvergangen, solch sein anligen auch furgehalten und ine umb Rat gebetten, der hab ime geratten, So er ein andere Schuldbrieflein umb die Suma des Boners hanndtschrift gleich könnte machen und das mit des Boners Sigel versigeln, So solt ers thun, dann er wölt ims vor got vergeben und es wer im nit sunde; uff den Rate sey er der sagen zugefarn, hab auff ein Tag irgent ungeuerlich vor mitfasten ein Schuldbrieflein umb vorgemelte Suma, so ime der Boner schuldig were, des Boners hantschrifft gleich, selbst in seynem, des Sagers, haws geschriben. Und des Boners Sigel, so auf seinen Reuersbrief uber zweihundert gulden lautendt gewest were, mit einem weichen leymm abgetruckt, das darnach härtt lassen werden und hab ein wachs darauff getruckt, auch furtter den neugeschriben brieff damit gesigelt; die form hab er alsbald, da er den den (sic) brieff gesigelt gehabt, zerslagen; und ime zu disen dingen nyemant geholffen; dann allein sein Beichtvatter hab im solichs zetun geratten, wie er dan getann; und er hab sich gar nit versehen, das es unrecht oder wider ein Rat solt gewesen sein. Er hab die ding nit mer dann das einig mal gepraucht, und darzu hab im die großs buberej, damit Boner mit im sei umbgegangen, geursacht.

Er hab auch kein geselschaft gehabt, So im zu disenn dingen geholffen habe. Und das dise sein handlung also und nit anders ergannngen, des neme er auff das sterben, so er got sei schuldig. Bitt auch ine darbej bleiben zelassen und nit weitter anzuziehen.«

Zitiert bei Loßnitzer

BRANDMARKUNG

Stoß' Tochter Katharina war mit Jörg Trummer, dem Sohn eines in Nürnberg ansässigen, aus Münnerstadt gebürtigen Gerbers, verheiratet. Dieser, in den Geburtsort seines Vaters zurückgekehrt, war sehr umtriebig und pflegte intensive Kontakte zur fränkischen Reichsritterschaft. Bei der Verhaftung von Stoß vor dem Karmeliterkloster zugegen, wandte er sich zur Unterstützung seines Schwiegervaters und zur Abwendung der drohenden Schande der Familie am 25. November 1503 an Lorenz von Bibra, Bischof von Würzburg, und den Ritter Betz von Romrodt zu Holzheim mit der Bitte um Fürsprache beim Nürnberger Rat. Dem Bischof dürfte Stoß zumindest dem Namen nach bekannt gewesen sein, denn dieser arbeitete wohl schon seit Jahresmitte 1503 in seinem Bistum an der Fassung und Bemalung des Altars der Pfarrkirche zu Münnerstadt. Trummer bezeichnete Stoß in seinem Schreiben an den Bischof als *»alten, erlebten, forchtsamen biderman«*, *»einkomend[] von fernen lannden, ungefreunndt und elenndt zu Nurmberg«* (aus fernen Landen, ohne Verwandtschaft, ein Ausländer in Nürnberg), dessen rechtmäßige Klage gegen den Betrüger Baner vom Rat der Stadt zurückgewiesen und der nun ohne Anlass ins Lochgefängnis geworfen worden sei.

Ob die daraufhin beim Rat eingegangenen Bittschreiben dazu beitrugen, das Todesurteil abzuwenden, ist nicht überliefert. Stoß wurde jedoch begnadigt und die Strafe abgemildert: Am 4. Dezember 1503 ließ ihm der Rat durch den städtischen Henker beide Wangen mit einem glühenden Eisenstab durchbohren. Ziel der Brandmarkung war, den überführten und bestraften Gesetzesbrecher mit den sichtbaren Schandmalen in der Öffentlichkeit zu stigmatisieren. Stoß verlor mit dieser Strafe seine bürgerliche Ehre und musste schwören, die Stadt auf Lebenszeit nur mehr mit Erlaubnis des Rates zu verlassen. Kurz nach seiner Brandmarkung wurde auf Rechnung des Rates der Bader *»am Sand«* ins Lochgefängnis bestellt, um Stoß *»seine bed packen«* zu versorgen. Die Deichslersche Chronik überliefert, dass man *»nie einen so lind gebrannt«* habe, so dass zumindest die Fleischwunden, die er davontrug, schnell geheilt sein dürften.

Die für Stoß' Vergehen ursprünglich angesetzte Todesstrafe scheint heute unverhältnismäßig angesichts der mildernden Umstände des Tatbestandes. Die zeitgenössischen Quellen berichten übereinstimmend, dass Baner über die wirtschaftlichen Schwierigkeiten Starzedels vorab unterrichtet gewesen war und Stoß demnach von ihm vorsätzlich falsch beraten wurde. Selbsthilfe, zur Verwirklichung eines privaten Anspruchs gegen den geistigen Urheber des Betrugs eingesetzt, war nach damaliger Rechtsauffassung durchaus verhältnismäßig und wurde auch rechtlich toleriert. Jedoch dürfte Stoß' gefälschter Schuldbrief so nachdrücklich gegen die kaufmännische Ehrbarkeit, die für den tadellosen Ruf der Handelsmetropole unabdingbar war, verstoßen haben, dass das Gericht sich zunächst unter Zugzwang fühlte.

Vor dem Nürnberger Rat ist jedoch auch eine ortsansässige gewichtige Stimme überliefert, die sich für Stoß einsetzte und die Strafe als zu hart erachtete: Christoph Scheurl der Ältere, dessen weitläufiger Verwandter mütterlicherseits Stoß vermutlich war, wurde wenig später, im Dezember 1503, wegen mehrmaliger Beleidigung des Rates angeklagt. Dabei kam auch seine vermutete Parteinahme für Stoß zur Sprache. Ausdrücklich befragte man ihn am 18. Dezember, ob er trotz dessen Bekenntnis seiner alleinigen Schuld nicht doch an der Anfertigung der Fälschung beteiligt gewesen sei. Scheurl verweigerte die Auskunft und berief sich auf die eigentliche Anklage wegen Beleidigung. Am 22. Dezember wurde im Verhör auch zur Sprache gebracht, dass er gegen die Interessen des Rates Christina Stoß, die Ehefrau von Veit, dahingehend beraten habe, sich an den kaiserlichen Hof zu wenden, wenn es zum Schlimmsten käme. Gedacht hatte er dabei wohl an die beiden kaiserlichen

Bestrafung der Schuldigen

Conrad Celtis' Norimberga: Auszug aus Kapitel 14

»Wer sich aber etwas zu Schulden kommen lässt, über den verhängen sie [der Hohe Rat] – oft schon bei einem geringfügigen Anlass – verschiedene Strafen und ausgesuchte Arten von Martern oder verurteilen ihn zum Tod, damit er für die Übrigen ein warnendes Beispiel sei und durch die Schwere seiner Bestrafung andere abschrecke.

Manche binden sie an einem Pfahl auf dem Marktplatz, wobei ihnen ein Wolfseisen um den Hals gelegt wird, zwingen sie so, an einem gut besuchten Markttag vor der Menge zu stehen und setzen sie dem Spott und Hohn des Pöbels aus.

Manche lassen sie bis aufs Blut peitschen, treiben sie durch die Stadt bis zu einem der Tore und verbannen sie über die vier Wälder und Ströme hinaus.

Manche jagen sie aus der Stadt, nachdem ihnen die Augen ausgestochen oder die Ohren abgeschnitten oder eine Hand abgehauen wurde.

Wer Gott oder die Heiligen lästert, dem wird die Zunge herausgeschnitten – das wäre so recht ein Stoff für Tragödien, wie man sie von Ödipus und Tereus aufführt!

Meineidigen hackt man die Finger ab, mit denen sie die heiligen Gegenstände berührten, während sie die Mächte des Himmels zu Zeugen riefen.

Falschmünzern – denn schlechte Menschen haben in ihrer Schlauheit schon die Kunst erfunden, unechte Edelmetalle herzustellen – und anderen Fälschern wird mit einem Brandeisen, ähnlich wie den ungarischen Pferden, ein unauslöschliches Zeichen auf Stirn oder Wange gebrannt. So büßen sie durch die Brandmarkung für ihre Untat. [...]

Wer Handelsware oder Münzen verfälscht, Kirchengut stiehlt oder Gott lästert, wird lebendig auf dem Scheiterhaufen geführt, an einen Pfahl gebunden und verbrannt – mit Schwarzpulver unter den Achselhöhlen, am Kopf und an den Weichen, damit die Flamme es erfasst und die Qual verkürzt.«

Sekretäre Peter und Anthoni Stoß. Scheurl wurde zu vierwöchiger Turmhaft verurteilt und verlor seine Mitgliedschaft im Größeren Rat, in dem er als ehrbarer Bürger befugt gewesen war, als Zeuge bei Gericht aufzutreten.

Zu überlegen wäre, ob beim Rat nicht auch wirtschaftliche Erwägungen – bei Stoß handelte es sich um einen Bildschnitzer, dessen Virtuosität und bisher untadeliger Ruf weit über die Stadtgrenzen hinaus bekannt war – zu einer Abmilderung der Strafe geführt haben könnten. Künstlerisches Renommee war ein gewichtiges Kriterium der Selbstdarstellung der Reichsstadt. Johannes Cochläus, der Rektor der Lateinschule von St. Lorenz, der 1512 eine »Brevis Germaniae Descriptio« verfasste, führte als wichtiges Kriterium für das Ansehen der Reichsstadt die europaweit bewunderte Kunstfertigkeit der hier lebenden Handwerker auf.

TRUMMERFEHDE

Jörg Trummer konnte sich mit dem für seinen Schwiegervater schändlichen Urteil, das diesen zu einem gesellschaftlich Geächteten machte, nicht abfinden. Er empfand die Familie seiner Frau und damit auch sich selbst als kompromittiert. Die Auflage, dass Stoß die Stadt nicht verlassen dürfe, interpretierte er dahingehend, dass die verfehlte Rechtspraxis in der Reichsstadt nicht über die Stadtgrenzen hinaus bekannt werden sollte. Der erboste Trummer richtete nun unter Nutzung seiner Verbindungen seine ganze Energie darauf, den Unbill, den sein Schwiegervater erfahren hatte, zu rächen. Zunächst forderte er mehrmals den Nürnberger Rat mit Unterstützung der Adligen Hermann und Theodor Riedtesel, Ritter und Erbmarschälle des Landgrafen von Hessen, auf, Baner zur Rechenschaft zu ziehen und die Angelegenheit einer anderen, unparteiischen Gerichtsbarkeit zu überstellen. Der Rat verbat sich diese Einmischung und ließ die beiden beteiligten Ritter im Januar 1505 wissen, dass Trummer keine Vertretungsvollmacht für seinen Schwiegervater besäße und dieser sowie der beklagte Baner sich ausdrücklich der Gerichtsbarkeit des Rates unterworfen hätten. Im Februar 1505 ließ Stoß' Schwiegersohn, wohl angestachelt von den Riedtesel, die ihm ihre weitere Unterstützung zusagten, Baner einen förmlichen Fehdebrief zustellen, der auch die Reichsstadt mit einbezog: »*Wiß Jacob Poner [Baner], das ich Jorig Trummer umb myßhandlung willen unnd unrecht das das du an mir unnd an dem main gehanndelt, geubt unnd gethan hast, dein veindt will sein unnd in krafft des briefs worden pin mit allen mein helfern unnd helfershelfer dir unnd allen dein Verwanten schaden zufugen, wie ich mit gedachten mein helfern den erdencken kann.*« In der Folge begann zwischen den drei Parteien ein verworrenes, undurchsichtiges Ränkespiel, das sich über mehrere Monate hinzog: Angeblich baten die beiden Ritter nun den Grafen von Hanau um Vermittlung zwischen Trummer und dem Rat. Dies dürfte jedoch eine Verschleppungsmaßnahme gewesen sein, denn dieser war für längere Zeit außer Landes. Bis zu dessen Rückkehr planten sie wohl, sich an den Nürnberger Kaufleuten in dessen Gebiet, das diese auf ihrer Reise nach Frankfurt passieren mussten, schadlos zu halten. Vermutlich waren sie es, die den streitlustigen Trummer als ihr williges Werkzeug auch mit Geld und Helfern ausstatteten, um sich über ihn an den Nürnbergern zu bereichern.

Die für die Reichsstadt brisante Situation, die sich in ersten Überfällen äußerte, veranlasste den aufgebrachten Rat, eilends nach einem neuen Schiedsrichter zur Schlichtung der Angelegenheit zu suchen. Mit der Bitte um Intervention wandte man sich an den Landesherren der beiden Riedtesel, den Landgrafen von Hessen, der sich einverstanden erklärte. Es folgte ein langwieriger, von Einsprüchen und Berufungen der Riedtsesel und Trummer durchsetzter Prozess, der die verwickelte Angelegenheit nicht klären konnte und erst 1508 ohne Urteil beendet wurde. Bereits 1505 hatten die Nürnberger Ratsherrn, da der Ausgang des Rechtsstreits höchst unsicher war, ihren Gesandten am kaiserlichen Hof beauftragt, die Ächtung von Stoß' gewalttätigem Schwiegersohn aufgrund von Landfriedensbruch durchzusetzen. Dem wurde im April 1505 stattgegeben. Jedoch konnten weder die durch die Ächtung drohende Gewalt noch der Prozess Trummer stoppen. Er setzte die Überfälle fort und versuchte nun, sich mit erfolglosen Klagen vor dem Nürnberger Stadtgericht an seinem eigenen Schwiegervater gütlich zu tun. Auch die beiden Ritter Riedtesel gingen Stoß um eine Summe von 60 Gulden an, die sie in seinen leiblichen Schutz investiert hätten. 1515 ersuchte Trummers in Nürnberg lebender Vater den Rat um Begnadigung seines Sohnes, doch dieser war nicht bereit, die Auflagen hierfür zu erfüllen und die Beute seiner Raubzüge zurückzuerstatten. Erst nach 1522 verschwand Stoß' Schwiegersohn – vermutlich war er mittlerweile verstorben – aus den Ratsakten und hinterließ seinen Nachkommen eine hohe Schuldenlast.

Veit Stoß' persönlicher Anteil oder auch nur Mitwisserschaft an der Fehde Trummers gegen die Stadt Nürnberg ist nicht eindeutig zu klären. Ende Januar 1504 wandte er sich demütigst an den Rat, um zu bestätigen, dass er von dem Händel nichts wisse, die Gerichtsbarkeit des Rates anerkenne und bereit sei, die 30 Gulden Schulden, die Trummer in Münnerstadt während seiner eigenen Zeit im Lochgefängnis verursacht habe, zu begleichen. Stoß erbot sich, seine Münnerstädter Auftraggeber anzuweisen, den Betrag von seinem Lohn für die Arbeiten am dortigen Altar der Stadtpfarrkirche abzuziehen und an die Gläubiger zu entrichten. Der geschickt taktierende Rat ignorierte Stoß' Angebot jedoch und versuchte, ihn unter Druck zu setzen. Man ließ ihn wissen, dass man ihn für alle durch Trummer verursachten Schäden am Eigentum der Stadt oder ihrer Bürger haftbar machen werde. Diese Drohung und ein mittlerweile abgeschlossener zweiter Prozess von Baner wegen der falschen Anklage Stoß', der mit einer hohen Strafe von 800 Gulden endete, veranlassten den Bildschnitzer Anfang 1504 aus *»vorcht«* vor dem Gefängnis, seiner *»gelider, auch lebens«*, die Stadt ohne Erlaubnis des Rates zu verlassen und nach Münnerstadt zur Beendigung des dortigen Auftrags zu fliehen. Stoß war davon ausgegangen, dass er die Schuld *»mit seinem Leib bezahlt«* und damit abgegolten habe, und empfand den auf zivilrechtlicher Ebene erfolgten Urteilsspruch des zweiten Gerichtsverfahrens und den Schadensersatz an Baner als völlig ungerechtfertigt. Zusätzlich wurde nun auch in seiner Abwesenheit der zwischen den beiden geschlossene Geheimvertrag, der Stoß' Schuld nochmals bestätigte, öffentlich gemacht.

MÜNNERSTÄDTER ALTARTAFELN

Stoß begegnet uns als vielseitig talentierter und interessierter Künstler, der darauf bedacht war, sich mit seinen weitreichenden Fähigkeiten handwerksübergreifend zu profilieren und davon zu profitieren. Bereits in den Krakauer Archivalien wird er auch als »pictor« (lat., Maler) aufgeführt, wenn auch der Nachweis aufgrund der heute verlorenen Hintergrundbemalung der Reliefs des Krakauer Marienaltars fehlt. Um das Jahr 1503 muss er auf Vermittlung Jörg Trummers den Auftrag für die farbige Fassung sowie die Bemalung der Außenseiten der Altarflügel des geschnitzten Hauptaltars der Pfarrkirche von Münnerstadt übernommen haben. Sein Ruf als Fassmaler wird sich hier ausgezahlt haben. Reizvoll könnte für den Bildschnitzer bei diesem Auftrag auch gewesen sein, dass er sich damit im Einzugsgebiet der Würzburger Riemenschneider-Werkstatt bekannt machen konnte. Bestellt hatten den Künstler der Komtur des Deutschen Ordens, Nikolaus Molitor, der Pfarrer und das Ratskollegium der Stadt. Ein undatiertes Konzept für eine Quittung, die die Arbeiten am Altar benennt, ist von Stoß erhalten. Aus dem Schriftstück geht hervor, dass er sich bezüglich der Bemalung der Tafeln und der Fassung einer Endkontrolle unterwerfen musste: Zwei Meister des Malerhandwerks zu Würzburg sollten nach Abschluss die Arbeiten überprüfen und den geforderten Betrag von 220 Gulden absegnen.

Im Münnerstädter Magdalenenaltar (1831 abgebrochen, Teile im Bayerischen Nationalmuseum, München, und in den Staatlichen Museen zu Berlin) begegnen sich die beiden großen fränkischen Bildschnitzer der Spätgotik, Stoß und Riemenschneider, in einem Werk. 1492 hatte Letzterer die mit 145 Gulden honorierte Schnitzarbeit am Altar fertiggestellt. Der Mittelschrein zeigte eine rundplastisch gearbeitete, von ihrem Haar fast vollständig bedeckte Maria Magdalena, die von Engeln in den Himmel gehoben wurde. Beidseitig flankierten sie die Heiligen Kilian und Elisabeth. Auf den zwei Flügelinnenseiten befanden sich Reliefs mit Ereignissen aus ihrem Leben, die Heilige Dreifaltigkeit zierte das Gesprenge. Riemenschneider ließ alle Figuren ungefasst und überzog sie lediglich mit einer dünnen, mit wenigen rötlichen Farbpigmenten versetzten Lasur, um die Farbe des Holzes zu vereinheitlichen und es zu schützen. Die Materialsichtigkeit bedingte eine sorgfältige, detaillierte Bearbeitung der Holzoberfläche. Bis heute ist strittig, ob der Verzicht auf Farbe und Vergoldung eine Folge der eingeschränkten finanziellen Mittel der Auftraggeber zum Entstehungszeitpunkt war, man also ein zweistufiges Vorgehen plante, oder ob sich im Altar bereits eine neue Kunstströmung manifestierte, die auf die hohe künstlerische Qualität der Schnitzarbeiten ohne die überdeckende Fassung abzielte. In jedem Fall gab die Gemeinde nach einem Jahrzehnt und einer größeren Stiftung bei Stoß die kostspielige farbige Fassung in Auftrag. Die wenigen heute davon noch erhaltenen Farbreste zeigen, dass Stoß sensibel auf Riemenschneiders Oberflächengestaltung einging, auf das Schnitzwerk nur dünne Farbschichten aufbrachte und auf Gravierungen oder Punzierungen des Kreidegrunds sogar verzichtete.

Stoß bemalte auch die Außenseiten der Altarflügel mit vier Szenen aus dem Leben des heiligen Kilian, dem Missionar der Franken (St. Maria Magdalena, Münnerstadt, heute beschnitten). Die Bilder erzählen in gedämpfter, zurückhaltender Farbigkeit die Geschichte der Verschwörung Gailanas, der verwitweten Schwägerin des Frankenherzogs Gozbert, die zum Tod des Bischofs und der mit ihm missionierenden Diakone Kolonat und Totnan führten sowie deren blutrünstiger Bestrafung. Deutlich zeigt sich hier der Bildhauer Stoß im Desinteresse an einer perspektivisch korrekten Innenraumdarstellung. Dass er die gesamten Arbeiten bereits früher und nicht erst Anfang 1504 nach seiner Brandmarkung begann, bestätigt neben der dem Rat angetragenen Deckung von

Trummers Schulden aus dem Münnerstädter Honorar indirekt ein Eintrag des Wärters des Nürnberger Lochgefängnisses im Dezember 1503: *»Veyt Stös maller hot 19 tag.«* Stoß wird mit seiner letzten Tätigkeit vor seiner bereits 19 Tage dauernden Inhaftierung aufgeführt.

HEIMKEHR IN VORLÄUFIGER DEMUT

Die Stoß zermürbenden Auseinandersetzungen zwischen dem Rat und seinem Schwiegersohn sowie sein eigener durch die Flucht gebrochener Eid führten dazu, dass seine Gesuche auf Rückkehr in die Reichsstadt nach Abschluss der Arbeiten mehrmals abgelehnt wurden. Obwohl er sich nachdrücklich von seinem Schwiegersohn distanzierte, der mittlerweile mit krimineller Energie dazu übergangen war, auch ihn gewaltsam um Geld zu bedrängen, blieb der Rat unnachgiebig. Eine Neuorientierung an einen anderen Ort kam für den Bildschnitzer nicht in Frage, hatte der Rat doch sein Vermögen eingefroren; auch hätte er Stoß' Haus in der Prechtelsgasse kurzerhand beschlagnahmen lassen können. Zudem wäre das Interesse an dem verurteilten Bildschnitzer andernorts sicher gering gewesen.

Trotz seiner äußerlich ablehnenden Haltung wandte der Rat sich über den Stadtschreiber am 20. Mai 1505 heimlich an Christina Stoß, um über die Umstände der Rückkehr ihres Mannes nach Nürnberg zu verhandeln. Sie sollte beim Rat persönlich vorsprechen und diesen um freies Geleit für ihren Mann zur Anhörung in Nürnberg bitten. Am 30. Mai 1505 wurde dem stattgegeben und kurz darauf ein diesbezügliches Schreiben an Stoß versandt. Zwei zeitgenössische Quellen berichten, dass er bei Bürgern und Handwerkern in der Stadt ein sehr gutes Renommee besaß, was ebenso wie seine handwerklichen Fähigkeiten zur Meinungsänderung des Rates beigetragen haben könnte.

Nach seiner Ankunft in Nürnberg musste Stoß erneut schwören, die Stadt nicht mehr ohne Erlaubnis zu verlassen. Zudem versicherte der dem Rat kleinlaut, dass er die auferlegte Strafe als gnädig empfinde und er sich einer vierwöchigen

Turmhaft unterwerfe, von der er zwei Wochen mit Geld ablösen konnte. Seine Bitte um ein Jahr Freizügigkeit zur Eintreibung seiner Schulden und zur Vermittlung bei Geschäftspartnern, die durch die Trummerfehde verunsichert waren, wurde vom Rat auf sechs Wochen reduziert.

Stoß' Probleme mit seinem geächteten Schwiegersohn, dessen Querelen mit dem Rat der Stadt sowie die Prozesse gegen ihn hielten insgesamt 15 Jahre an. Zusätzlich kämpfte der Bildschnitzer, dessen Rechtsempfinden tief verletzt war, gegen die in seinen Augen andauernde ungerechte Behandlung und Missachtung seiner Person durch den Rat. Eine große Anzahl von Ratsakten, die sein Ringen um Rehabilitierung deutlich aufzeigen, ist überliefert. Wird er in den Archivalien seiner Krakauer Zeit noch als friedlicher, demütiger Mann bezeichnet, so dürfte die jahrelangen Auseinandersetzungen mit nervlicher Anspannung und empfundener Demütigung zu einem charakterlichen Wandel geführt haben: Er wird nun als streit- und reizbarer Bürger erachtet, der nachdrücklich und kompromisslos auf sein Recht poche und sich nichts gefallen lasse. 1506 führte ihn der Rat im alphabetischen Namensregister der Reichsstadt als *»V. Stosß ein unruwiger haylosser Burger, der einem E. Rad und gemainer Statt vil Unruw gemacht hatt«*.

STAGNIERENDER WERKSTATTBETRIEB

1505/06 steckte Stoß durch Gerichtskosten, den Schadensersatz an Baner und die anhaltende Trummerfehde in finanziellen Schwierigkeiten. Er versuchte seine Existenz durch das Eintreiben von Schulden – auch vom Nürnberger Rat – zu sichern. Es ist davon auszugehen, dass sein Werkstattbetrieb zwischen Herbst 1503 und 1506 annähernd zum Erliegen kam. Weder war Stoß in der Lage, kontinuierlich zu arbeiten, noch wird er weiter über Gesellen verfügt haben. Lediglich der Münnerstädter Auftrag ist sicher in diese Jahre zu datieren. Sein Sohn Stanislaus, der bei ihm eine Lehre als Bildschnitzer absolviert hatte und wohl den Werkstattniedergang hautnah miterlebte, kehrte Ende 1505 der Reichsstadt den Rücken und übersiedelte nach Krakau, wo der Ruf seines Vaters unbeschadet war. Auftraggeber dürften sich angesichts der unsicheren Situation des Meisters und der damit verbundenen Unabwägbarkeiten zurückgehalten haben. Stoß war darauf angewiesen, Kleinwaren an einem Verkaufsstand auf dem Nürnberger Hauptmarkt vor der Frauenkirche anzubieten.

Bezüglich seiner Reisefreiheit verhielt sich der Rat in dieser Zeit äußerst restriktiv. Nur selten erlaubte man ihm, Messen zu besuchen. Ausnahme waren Anfang 1506 die in Frankfurt und Nördlingen, wo er vermutlich Lagerware anbot. Dadurch wurden ihm die Akquise und Ausführung neuer Aufträge über die Grenzen Nürnbergs hinaus erschwert. Zusehends reagierte er verbittert. Vom Rat ermahnt, weil er seine Unschuld immer wieder öffentlich zur Sprache brachte, drohte er schließlich, sich an den Kaiser persönlich zu wenden.

Erneut spitzte sich Stoß' Verhältnis zum Rat am 27. März 1506 zu. Man ließ ihn aufgrund anhaltender Konflikte und wohl auch einer Verleumdung wieder ins Lochgefängnis werfen. Bereits am Folgetag kapitulierte er, was ein während seiner Haft verfasster und überlieferter Kerbzettel, der in den Nürnberger Ratsakten erhalten ist, dokumentiert. Das doppelt ausgefertigte Schreiben an den Rat war aus Angst vor Fälschung am Rand mit Kerben versehen, die genau ineinander passten. Demütig und in wirren Formulierungen, die vermutlich auf seine psychische Anspannung zurückzuführen waren, ließ er verlauten, dass er bereit sei, sich allen Auflagen des Rats zu unterwerfen. Den Zettel unterschrieb er mit seinem Namen und seinem Meisterzeichen. Für ein 1506 auf eigene Kosten erstelltes Gedächtnisbild, das er an einen Pfeiler in St. Sebald stiften wollte, untersagte ihm der Rat die Erlaubnis.

DRUCKGRAFIK ALS EINKOMMENSQUELLE

Der bereits erwähnte Johann Neudörffer überliefert, dass Stoß nicht nur Bildschnitzer und -hauer, sondern auch Zeichner und Kupferstecher war. Nur fünf seiner Zeichnungen, die vor allem Entwürfe und vorbereitende Studien für Skulpturen wiedergeben, sind überliefert. Jedoch sind zehn verschiedene Kupferstiche in 35 Abdrucken, die alle seine Meistermarke und seine Initialen F S tragen, erhalten. Von der Stoß-Forschung werden diese Blätter in die ersten Jahre des 16. Jhs. datiert. Dem Bildschnitzer müssen Albrecht Dürers europaweite Erfolge mit druckgrafischen Arbeiten und die hohe Nachfrage danach bekannt gewesen sein. Da sein Werkstattbetrieb in diesem Zeitraum stillstand – ihm war nicht einmal erlaubt, den Nürnberger Reichswald aufzusuchen –, liegt es nahe, dass sich der vielseitige Künstler hier in der einträglichen Sparte der Druckgrafik versuchte, die er ohne großen finanziellen und Materialaufwand bedienen konnte. Vorstellbar wäre, dass er die Kupferstiche an seinem Verkaufsstand in Nürnberg oder auf Messen zur Sicherung seines Lebensunterhaltes feilbot.

Johann Neudörffers Nachrichten
von den vornehmsten Künstlern und Werkleuten, so innerhalb hundert Jahren in Nürnberg gelebt haben, 1546 (ergänzt 1660, veröffentlicht 1828)

»Veit Stoß, Bildhauer.

Dieser Veit Stos, welcher von Cracau birdig, ist nicht allein ein Bildhauer, sondern auch des Reissens, Kupferstechens und Mahlens verständig gewest, verheurathet mit Jungfrau Barbara Herzin alhier, ist letzlich in seinen Alter erblind, wurde 95 Jahr alt, er enthielte sich des Weins und lebte sehr mäßig. Seine Arbeit findet man viel im Königreich Pohlen. Er machte dem König in Portugal, Adam und Eva lebensgroß von Holz und Farben, solcher Gestalt und Ansehens als wären sie lebendig, davor sich einer entsetzet, so man sie betrachtet und beschauet.

Herrn Christoph Kohlers Seel. Erben [...] haben ein ausgespanntes Göttlein oder Crucifix, ist ohngefähr ein wenig länger als eine Spann, welches er allmahl auf 40 fl. hielt und schätzte, daran siehet man was dieser Stos für einen Verstand gehabt hat. Ao. [Anno] 1504. hat er den Altar bey Unserer Lieben Frauen, so von dem Welser gestifftet, gemacht.

Ao. 1518. hat er den Englischen Gruß, samt den Hülzen vergulten Leuchter in S. Lorenzer Pfarrkirchen im Chor hangent, welcher von Anthoni Tucher gestifftet und 593 fl. gekost, gemacht. In diesen Jahr, im Monat November, hat er den schönen Englischen Gruß in Unserer Lieben Frauen Kirchen, im Portal an die Innere Kirchenthür, da man die Todtentafeln anhengt, flach geschnitten, welches von Conrad Herzen gestifftet und 30 fl. gekostet hat.

Er hat auch den schönen Altar in der Prediger Kirchen alhier gemacht, welcher nach Straubingen kommen.

Ao. 1526. hat er das Crucifix bey S. Sebald im Chor gemacht, welches Ao. 1542. den 18. Juli vor S. Sebald Grab gesetzet worden, das zuvor in der Mitten der Kirchen, gegen den Predigstuhl über stund, deßgleichen auch das in S. Egidier Kirchen, und das Crucifix bey Unserer Lieben Frauen auf der Vohrkirchen. (Ist Ao. 1663. in dem grossen Altar bey S. Sebald gestellet worden.)

Er hat auch mich selbsten eine ganze Mappam sehen lassen, die er von erhöhten Bergen und geniederten Wasser-Flüssen, samt den Städten und Wäldern, erhoben geschnitzt und gemacht hat. Starb Ao. 1542.«

(Anm.: Stoß' Todesdatum wurde falsch ergänzt. Er starb im Jahr 1533.)

Stoß' Kupferstiche zeigen die Kenntnis der Werke des Colmarer Meisters Martin Schongauer († 1491) wie auch altniederländischer Malerei und weisen viele Detailübereinstimmungen mit den Altarreliefs in Krakau auf. Stoß mag sich hier aus den reichen Musterbüchern seiner Gesellenwanderung, die er auch für den Marienaltar herangezogen hatte, bedient haben. Die Beweinung Christi (Graphische Sammlung, München) zeigt auch die unmittelbare Verwandtschaft zum Sebalder Epitaph des Paulus Volckamer mit dessen die Figuren umspielenden, rotierenden Gewandsäumen und geknitterten Falten. Verschieden dichte Kreuzlagen führen zu intensiven Hell-Dunkel-Kontrasten und damit einer starken plastischen Wirkung. Deutlich wird jedoch auch, dass Stoß in der Technik des Kupferstechens nicht sonderlich versiert war und Mühe bei der

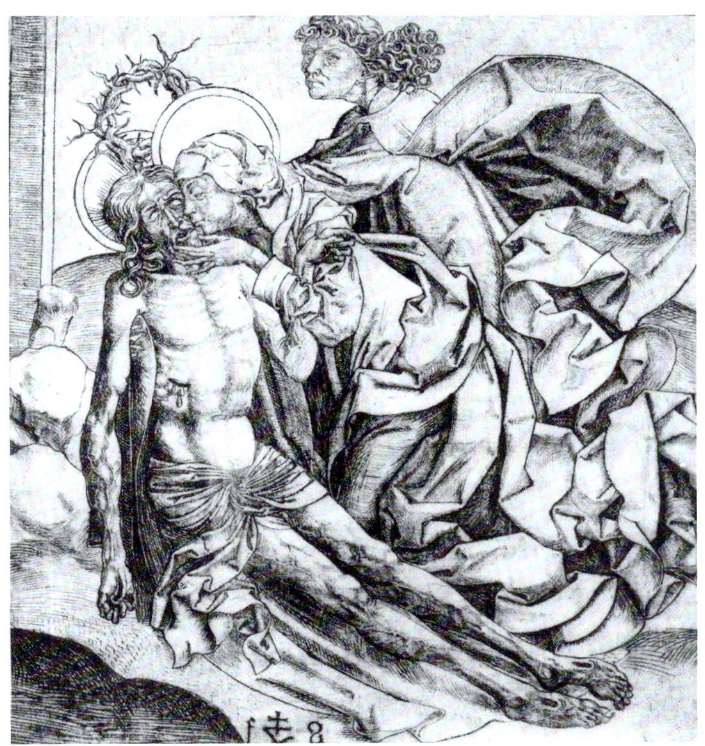

Beweinung Christi. – Kupferstich, um 1505

Umsetzung seiner Zeichnungen in das fremde Medium hatte. Als Autodidakt benutzte er parallel sowohl Grabstichel wie auch die einfacher zu handhabende, zeichnerisch wirkungsvollere Kaltnadel und überarbeitete die Platten – wohl mit dem Ergebnis unzufrieden – mehrmals.

6 Rehabilitierung

KAISERLICHER GNADENBRIEF

Veit Stoß muss seine Drohung, sich wegen der ungerechten Behandlung durch den Nürnberger Rat an den Kaiser zu wenden, wahrgemacht haben. Vermutlich hatte er Antoni Stoß, den kaiserlichen Sekretär, den auch der städtische Rat gelegentlich um Fürsprache beim Kaiser bat, erfolgreich um Vermittlung gebeten. Im Herbst 1506 traf in Nürnberg die Nachricht ein, dass der Bildschnitzer von Kaiser Maximilian I. »*seines geubten falsch (darumb er hiervor ein straff mit prennen durch seine packen empfangen) restituirt und abilitirt sei*«. Der kaiserliche Gnadenbrief wurde vom Rat nicht wohlwollend aufgenommen. Man empfand die Einmischung in die reichsstädtische Rechtsprechung als unangemessen, fühlte sich übergangen und legte dem Bildschnitzer im Oktober 1506 drohend nahe, auf die öffentliche Bekanntmachung und damit die Wiederherstellung seiner bürgerlichen Ehre zu verzichten. Stoß konnte nichts dagegen unternehmen.

Ein weiterer Gunstbeweis und Auftrag Kaiser Maximilians I., der im Februar 1507 an Stoß erging, beschwichtigte schließlich den Unmut der kunstsinnigen patrizischen Ratsherren. Anlässlich einer Reise nach Ulm muss der Bildschnitzer den Kaiser getroffen haben. Dieser hatte ihn wohl rufen lassen – sonst wäre ihm die Fahrt nicht erlaubt worden. In den Ratsakten ist kurz nach dem Treffen eine Ausnahmegenehmigung dokumentiert, die Stoß gestattete, sich tagsüber im Umkreis einer Meile um die Stadt zu bewegen. Grund dafür wird die Beschaffung von Schnitzmaterial oder Ton gewesen sein. Jedoch ist zu diesem speziellen Auftrag nichts Weiteres überliefert.

Da bereits 1504 erste Arbeiten für das Grabmal Kaiser Maximilians (Hofkirche, Innsbruck) durchgeführt wurden, könnte es sich bei diesem Auftrag um ein Modell für eine der Bronzeskulpturen gehandelt haben. In Frage käme dafür die bereits 1513 im Innsbrucker Inventar geführte Figur der Zimburgis von Masowien, der polnischen Großmutter Maximilians, deren Gewand rückseitig eine schildartige Falte in Stoß'scher Manier ziert.

In seinem eigenen Handwerk stand man dem Bildschnitzer noch länger ablehnend gegenüber. Zwei Jahre nach Erhalt des Gnadenbriefs im Jahr 1508 wurde das Ausmaß der Entehrung abermals deutlich: Erneut hatte sich Stoß mit der Bitte, den Gnadenbrief vorlegen zu dürfen, an den Rat gewandt. Zumindest die Bildschnitzermeister und -gesellen, die sich nach wie vor weigerten, mit oder bei ihm zu arbeiten, wollte er damit für sich gewinnen. Doch der Rat blieb hart: Ohne Verständnis für dessen prekäre Situation wurde ihm mitgeteilt, dass man die Bildschnitzer nicht dazu nötigen könne; es stehe ihm aber frei, gegen deren Schmähungen zu klagen.

WIEDERAUFBAU DER WERKSTATT

In den annähernd zehn Jahren nach der Verurteilung widmete sich Stoß allen Hemmnissen zum Trotz intensiv dem Wiederaufbau seiner Werkstatt. Seine Geschäftstüchtigkeit und der starke Wille zur Rehabilitierung trieben ihn voran. Die zurückliegende schwierige Lebensphase ist den ab diesem Zeitpunkt überlieferten Werken nicht anzusehen. Ohne Qualitätsverlust schließen seine eigenhändigen Arbeiten an den Stand seiner Werke vor der Verurteilung an.

Am 30. Mai des Jahres 1506 vermelden die Ratsakten erstmalig wieder die Erlaubnis zur Materialbeschaffung für zwei Holzfiguren: *»Item Veyten Stossen ist ein lynndten vergönnt aus dem Wald nach waldsordnung zu zwaien pilden unnder das Creutz zu Unnser lieben Frauen am Marckt.«* Er durfte sich also für zwei Schnitzfiguren, die für die Frauenkirche bestimmt waren, eine Linde im Reichswald schlagen lassen. Erste Auftraggeber hatten sich demnach zurückgemeldet. Bei den beiden Figuren dürfte es sich um eine Maria und einen Johannes gehandelt haben, da Stoß im Oktober 1508 dafür eine Restschuld bei zwei Nürnberger Bürgern einklagte. Die beiden Schnitzwerke sind erhalten, wurden 1663 aus der Frauenkirche nach St. Sebald (Nürnberg) verbracht und 1823 in einem neugotischen Altar zusammen mit einem später von Stoß gearbeiteten Kruzifix zusammengefasst. Während die Johannesfigur mit einem ausladenden schildförmigen Gewandzipfel vor dem Körper und einem zweiten, schmalen, den er taschentuchähnlich in der Hand hält, an die Johannesfigur des Krakauer Marienaltars erinnert und eine eigenhändige Arbeit von Stoß sein könnte, ist die Maria in ihrer Aneinanderreihung von Faltenmotiven und ihrem eher grob gearbeiteten Gesicht vermutlich nicht von ihm selbst gefertigt. Das wiederum lässt den Rückschluss auf einen wiederaufgenommenen Werkstattbetrieb mit einem Gesellen zu, der hier tätig wurde. Dass man Stoß weiter Misstrauen entgegenbrachte, macht eine Notiz in den Ratsakten vom Februar 1507 deutlich: In seinem Besitz befanden sich mehrere Lindenholzstämme, deren Herkunft der Rat genau untersuchen ließ. Man verdächtigte ihn wohl des Waldfrevels. Da die Akten keine weiteren Einträge aufweisen, konnte er wohl nachweisen, dass er sie rechtmäßig erworben hatte.

HEILIGER ANDREAS

Eine zeitnahe Arbeit nach der Schuldscheinaffäre war auch die überlebensgroße, nicht signierte Lindenholzfigur eines heiligen Andreas (St. Sebald, Nürnberg). Sie stellt Stoß' erstes Holzbildwerk dar, das keine farbige Fassung mehr erhielt, sondern nach der Fertigstellung lediglich mit einer honigfarbenen Lasur überzogen wurde. Es liegt nahe, diesen bewussten Verzicht auf Farbe mit den ungefassten Schnitzfiguren Riemenschneiders am Münnerstädter Altar in Verbindung zu bringen. Stoß hatte das materialsichtige subtile Werk des Würzburger Bildschnitzers beim Fassen aus nächster Nähe begutachten können und muss sich der Ausdrucksmöglichkeiten einer differenzierten Oberflächengestaltung verstärkt bewusst geworden sein. Schnitzerische Feinheit ersetzte eine gröbere, erst durch die Fassung belebte Oberfläche.

Der langhaarige, vollbärtige Apostel steht, mit einem großen x-förmigen Kreuz als Werkzeug seines Martyriums und einem kleinen Buch ausgestattet, in Schrittstellung aufrecht auf seiner Konsole. Sein herbes Männergesicht zeigt die Spuren seines hohen Alters: Tiefe Falten ziehen sich quer über seine Stirn, seine Haut ist aufs Feinste geknittert. Sein langes Kopf- und Barthaar fällt in vielen sorgsam ausgearbeiteten Locken bis auf Brust und Schultern. Der wogende Umhang wird mit den Fingerspitzen der linken Hand unter dem Buchdeckel nach oben gerafft und enthüllt sein von einem Adergeflecht überzogenes nacktes linkes Bein. Aufgewirbelt und faltenreich fällt das Gewand dagegen auf der rechten Seite über die untere Hälfte des Kreuzes. Erstaunlich ist die starke Durchhöhlung der Figur, die tief in den Lindenholzstamm eingreift. Der Apostel befand sich ursprünglich nicht am heutigen Aufstellungsort in St. Sebald, sondern wurde erst 1657 zur Ausstattung einer Nische über der Grablege der Patrizierfamilie Tucher aus dem ehemaligen Werkhaus des Nürnberger Kartäuserklosters dorthin transferiert. Denkbar wäre, dass diese Arbeit ein Gedächtnisbild der Familie für den ehemaligen Nürnberger Stadtbaumeister Andreas (Endres) II. Tucher gewesen ist, der dort 1476 als Laienbruder eingetreten und 1507 verstorben war. Sein Leichnam wurde im Familiengrab in St. Sebald beigesetzt.

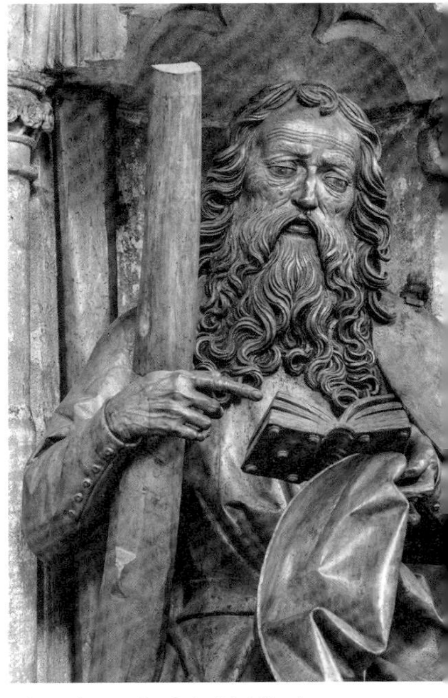

Hl. Andreas, St. Sebald, Nürnberg, 1505–1510

KRUZIFIXE AUS OGNISSANTI UND DEM HEILIG-GEIST-SPITAL

In die Phase des Wiederaufbaus der Werkstatt gehören auch zwei Holzkruzifixe, die eine stilistische Weiterentwicklung der beiden früher entstandenen darstellen. Eines davon, vermutlich das ältere, gelangte als Auftrag eines Nürnberger oder italienischen Kaufmanns in die Kirche San Salvatore al Monte in Florenz und von dort 1561 durch die Franziskaner in die Sakristei der Kirche Ognissanti. Das zweite Kruzifix befindet sich heute im Germanischen Nationalmuseum in Nürnberg. Ursprünglich war es vermutlich im Nürnberger Heilig-Geist-Spital an nicht mehr bekanntem Ort aufgestellt. Wie bei den Vorgänger-Kruzifixen stellt Stoß die Körperlichkeit des Menschen Jesus in seinem qualvollen Leiden und Sterben in den Mittelpunkt. Er entspricht damit dem Frömmigkeitsverständnis der Zeit. Bereits um 1260 hält der scholastische Theologe und Philosoph Thomas von Aquin in seinem Grundriss der Heilslehre (Compendium theologicae) fest: »Christi humanitas via est, quae ad Divinitatem pervenitur.« (lat., Das Menschsein Christi ist der Weg, über den man zum Verständnis seiner Gottheit gelangt.) Über die lebensnahe Wiedergabe des Gekreuzigten, dessen Leidensphasen im Kruzifix zusammengefasst und vergegenwärtigt waren, war es den Gläubigen möglich, die Passion in ihrer gesamten Abfolge nachzuvollziehen und sich intensiv und mitleidend darin zu versenken.

Beide Christusfiguren gleichen sich in Darstellungstyp und Körperauffassung: Schmerzvoll straff sind ihre ideal schönen, athletischen Körper von den weit ausgebreiteten, an den Händen fixierten Armen bis zu den durchgedrückten Beinen an den Kreuzesbalken ausgespannt. Der konvex aufgewölbte Brustkorb, der die Rippen als Wellen unter weicher Haut abbildet, wird lediglich von der mandelförmig aufklaffenden blutenden Seitenwunde entstellt. Nur knapp verhüllt ein schmales Lendentuch den Schambereich. Diese aus anatomischer Unsicherheit von vielen spätmittelalterlichen Bildhauern durch großflächige Kaschierungen verunklärte Körperpartie wird von Stoß souverän gemeistert: In Kenntnis der männlichen Anatomie in ihrem tektonischen Zusammenspiel, enthüllt er einen Teil der oberen Hüftknochen und Leisten. Das Tuch ist mit einem seitlich gesetzten Schlingenknoten verschlossen und bauscht sich in einem s-förmig geführten Gewandzipfel dem Betrachter entgegen.

Das Nürnberger Kruzifix geht in seiner Ausproportionierung noch einen Schritt weiter als das Florentiner. Den Abmessungen der einzelnen Körperpartien liegt ein durchgängig angewandtes Fußmaß von 30 cm zugrunde, so dass die Figur in ihrer Gesamtdimension, d. h. in Bezug auf Länge und Breite, annähernd quadratisch ist. Der Identifikationsgrad für den mitleidenden Betrachter wird durch den nach dem Todeskampf seitlich nach vorne gefallenen Christuskopf mit halb geschlossenen Augen sowie die farbige Fassung, die die blutenden Wunden und hervortretenden Adern an dem gegeißelten Körper aufzeigt, noch gesteigert. Stoß gelingt mit seiner Wiedergabe des nur mehr notdürftig verhüllten und damit schutzlos den Blicken seiner Peiniger ausgesetzten Körpers Christi eine intensive Bildaussage.

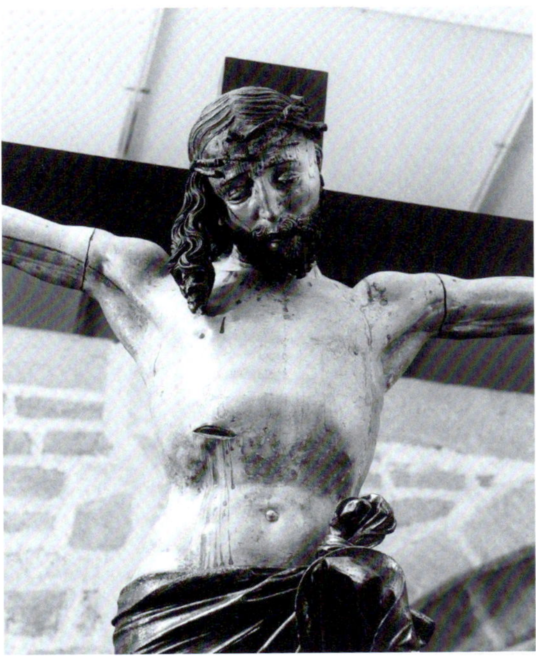

Kruzifix aus dem Heilig-Geist-Spital, Germanisches Nationalmuseum, Nürnberg, 1505–1510

Kruzifix aus dem Heilig-Geist-Spital in Nürnberg (1505–1510)

Die 2,01 m hohe Christusfigur hat eine Armspannweite von 1,99 m. Das originale Kreuz, auf dem die Figur befestigt war, ist verloren. Rumpf und Beine sind von Stoß aus einem einzigen Lindenholzstamm geschnitzt. Kopf, Hals und Arme wurden aufgrund des zu geringen Stammvolumens ergänzt. Auch kleinere Teile, wie die vorkragende Partie des Lendentuchs oder die seitlich herabfallende Haarlocke, sind angesetzt. Der Kopf und der gesamte rückwärtige Rumpf sind ausgehöhlt und verdeckelt.

Die Fassung der Christusfigur erfolgte vermutlich in der Stoß'schen Werkstatt. Über einem dünnen Kreidegrund wurden der braunbeige Hautton, die rosafarbene Modellierung sowie Adern und Blutspuren aufgebracht. Auf dem Lendentuch wurde ein Bolus, ein Erdpigment, aufgelegt, dieser dann blattvergoldet und an der Bordüre mit rotem Krapplack gelüstert.

Im Laufe der Jahrhunderte wurden über die originale sechs Überfassungen gelegt, u. a. eine dunkelbraune Übermalung in Maserierungstechnik im 19. Jh. und eine weitere fleischfarbene Fassung 1898. Fünf dieser Fassungen wurden 1932 entfernt. Zwischen 1978 und 1994 wurde der ursprüngliche Fassungszustand in den Werkstätten des Germanischen Nationalmuseums in Nürnberg (ab 1984 Institut für Kunsttechnik und Konservierung) wiederhergestellt.

WEITERE WERKE

Die Zahl der von 1505 bis 1515 entstandenen Werke war wesentlich größer als heute überliefert. So führen die Nürnberger Ratsakten einige Prozesse auf, die Stoß aufgrund ausstehender Zahlungen für heute verlorene Arbeiten führte. 1509 zum Beispiel klagte er gegen den Auftraggeber Hans Thumb wegen einer Restschuld für ein von ihm geliefertes Sakramentshaus. Die vom Rat beschnittene Freizügigkeit, die ein Arbeiten außerhalb der Stadtmauern Nürnbergs erschwerte, schlägt sich auch in kleineren Formaten, die an nicht ortsansässige Auftraggeber leicht auslieferbar waren, nieder: Im Jahr 1513 übernahm Stoß die Anfertigung eines nur 80 x 60 cm großen Epitaphs für die Klosterkirche in Langenzenn (Ev.-luth. Pfarrkirche, Langenzenn). Das heute stark verwitterte Verkündigungsrelief für Margarete von Wildenfels überzeugt durch seine plastische Durchformung und seine illusionistische Raumwirkung. Hinter zwei ungleich großen Bogenöffnungen mit freistehendem Mittelpfeiler knien – wie in einem Gemach – rechts unten die betende Stifterin und links von ihr, unter dem zweiten Bogen, eine ebenfalls betende, zum Betrachter hin ausgerichtete Maria, auf die der Verkündigungsengel von rechts oben zuschwebt. Die für Stoß typische Gewandgestaltung äußert sich im kunstvoll drapierten, eine Raumschale erzeugenden Marienmantel und dem hoch hinter dem Engel aufgetürmten, wogenden Gewand. Dem Sandsteinrelief war wohl ursprünglich ein am selben Pfeiler angebrachtes Messingepitaph mit Inschrift aus einer Nürnberger Gießhütte zugeordnet.

7 Wieder anerkannt

BRONZEGUSS FÜR DAS KAISERLICHE GRABMAL

Als im Jahr 1512 der Historiograf und Hofastronom Johannes Stabius den Auftrag zu einer (weiteren) Mitwirkung am Grabmal Kaiser Maximilians I. (Hofkirche, Innsbruck) an Stoß überbrachte, ist der Endpunkt der Wiederaufbauphase der Werkstatt erreicht. Stoß sollte *»etliche pilder von messing [...] giessen«*, was ihm durchaus entsprochen haben dürfte. Der Auftrag bot ihm die Möglichkeit, sich aus der Rolle des reinen »Modellablieferers« für die den Guss durchführenden Rotgießer zu befreien und das ganze Geschäft selbst zu übernehmen. Jedoch war für die komplette Durchführung eine Auseinandersetzung mit dem Nürnberger Rat und den ortsansässigen Rotgießern vorprogrammiert. In der Reichsstadt war es Handwerksrecht, dass sowohl die geschäftliche Abwicklung als auch die Verantwortung für die technische Ausführung von Gusswerken ausschließlich bei den Rotgießern lagen. Stoß' Ersuchen an den Rat zur Durchführung eines eigenverantwortlichen Bronzegusses folgten entsprechend massive Beschwerden von Seiten der verärgerten Handwerker, die sich nicht nur um die Einhaltung der Rangordnung der Handwerke, sondern auch um ihre Pfründe sorgten. Der auf seinen Ruf beim Kaiser bedachte Rat verhandelte mehrere Wochen um eine Ausnahmegenehmigung, *»dann sunst würd es bei kais. Maj. [kaiserliche Majestät] grosse ungnad gepern«*. Mittlerweile war Stoß die bereits fertig gestellte, als Gussmodell dienende Tonfigur ausgetrocknet, worüber er sich beschwerte und auch gleich Schadensersatz verlangte.

Am 25. September 1514 schließlich bewilligte der Rat einen Zwinger der Stadtmauer als Ort der Durchführung des Gusses. Ob der Bronzeguss auch wirklich erfolgreich vor Ort bewerkstelligt oder die Tonfigur zum Guss in die Innsbrucker Gießhütte transferiert wurde, ist nicht mehr überliefert. Stoß könnte bei den Gussarbeiten durchaus an seine handwerklichen Grenzen gestoßen sein. Damit stünde er nicht alleine: Der Landshuter Bildschnitzer Hans Leinberger scheiterte ebenfalls am Guss seiner Bronzefigur für das kaiserliche Grabmal und musste das bereits angelieferte Rohmaterial wieder zurückgegeben.

Um die Stoß'sche Geschäftspraxis von nun an zu unterbinden, wurde Johannes Stabius, der kaiserliche Abgesandte, vom Nürnberger Rat ausdrücklich angewiesen, zukünftige Aufträge des Kaisers nicht mehr an Stoß, sondern direkt den dafür zuständigen Rotgießern zu erteilen. Leider ist nicht bekannt, wie viele und welche der Figuren am Kaisergrabmal von Stoß stammen. Aufgrund stilistischer Kriterien käme die Bronzefigur der Elisabeth von Görz, Gemahlin Herzog Albrechts II., in Frage. Sie ist in ihrer Körpermodellierung und dem glatt herabfallenden Gewand dem Spätwerk von Stoß verwandt.

SPÄTWERK

Veit Stoß verfügte über eine große Bandbreite künstlerischer und stilistischer Ausdrucksmöglichkeiten, die bereits in der fortgeschrittenen Krakauer Phase aufscheinen. Vor allem in seinem Spätwerk tauchen heterogene Spitzenleistungen auf, die hinsichtlich einer kontinuierlichen Stilentwicklung Schwierigkeiten bereiten. Die unterschiedlichen, von ihm parallel reproduzierten Stillagen dürften Folge einer Abwägung von Auftraggeberinteressen, Publikumserwartung und Aufgabenstellung des jeweiligen Auftrags gewesen sein. Trotz der Stilvielfalt und retrospektiver Gesinnung überzeugen die späten Werke aus seiner Hand allesamt durch ihre künstlerische Erfindungskraft, ihr Formempfinden und ihre Ausdrucksfähigkeit in Kombination mit höchster technischer Präzision. Sein großer Ehrgeiz war ihm Ansporn, und jedes seiner Bildwerke sollte nach der Schuldscheinaffäre auch immer als öffentlichkeitswirksamer Nachweis seiner gesellschaftlichen Rehabilitierung fungieren.

Ab den 1515er-Jahren wird in Stoß' Werk mit einem gewachsenen anatomischen Verständnis eine Weiterentwicklung der Darstellung des bekleideten menschlichen Körpers offensichtlich. Er bemühte sich um die Abmilderung seiner expressiven Gewandgestaltung hin zu einer stärkeren plastischen Durchbildung der Einzelfigur. Die sich bauschenden, faltenreichen

Gewänder und Mäntel, die die Körper vormals überdeckten und eine eigene malerisch-lineare Sprache sprachen, beruhigen sich nun und schmiegten sich enger und fließender an den plastischen Kern an. Rumpf, Beine und Arme scheinen durch die Stofflagen deutlicher hindurch. Dafür ist das neue italienische Formideal verantwortlich, das insbesondere über Albrecht Dürer, die Vischer-Söhne und reisende Künstler Eingang in die Nürnberger Kunst und die des transalpinen Raums insgesamt gefunden hatte. Stoß dürfte aus eigenem Antrieb und um sich weiter am Markt zu behaupten auf dieses neue Körperempfinden reagiert und es in seine plastische Formensprache integriert haben.

Die letzte Phase seiner Produktion von Bildwerken lässt wieder auf eine leistungsfähige Werkstatt schließen. In dichter Folge entstehen Schnitzwerke, die heute noch erhalten sind und zu seinen Meisterwerken zählen oder aber in den Archivalien begegnen.

RAPHAEL-TOBIAS-GRUPPE

Den Auftakt zu Stoß' veränderter Körperdarstellung stellt die 1516 entstandene Raphael-Tobias-Gruppe (Germanisches Nationalmuseum, Nürnberg) dar. Die hellbraun lasierte, nur circa 1 m hohe Lindenholzgruppe wurde als Auftragsarbeit für den Florentiner Seiden- und Juwelenhändler Raffaello Torrigiani angefertigt und befand sich vormals an einem Rundpfeiler in der Dominikanerkirche in Nürnberg. Über welche Kanäle der internationale Auftrag an Stoß kam und wie und warum diese Stiftung in die Nürnberger Klosterkirche gelangte, ist unbekannt. Wie auch Stoß war Torrigiani regelmäßig auf der Frankfurter und Leipziger Messe als Kaufmann zugegen und unterhielt nachweislich Geschäftskontakte nach Nürnberg. Bereits 1507 taucht er in dortigen Quellen erstmalig auf und könnte zeitweilig – 1516/18 erscheint er in den Haushaltsbüchern der Patrizierfamilie Tucher – in der Reichsstadt eine Handelsniederlassung betrieben haben. Sein Sohn Andrea (geb. 1526) unterhielt am Nürnberger Hauptmarkt ein Tuchgeschäft und wurde 1552 auf dem Johannisfriedhof begraben.

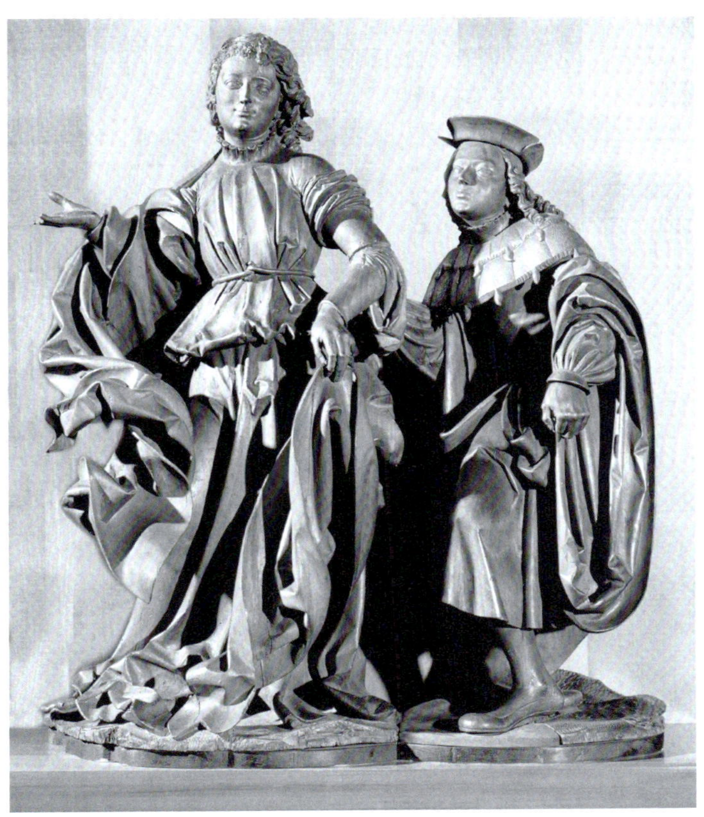

Erzengel Raphael und der junge Tobias, Germanisches Nationalmuseum, Nürnberg, 1516

Anliegen des Auftrages Torrigianis wird zunächst gewesen sein, seinem Namenspatron ein Bildwerk zu stiften. In Florenz war es zudem üblich, dem Erzengel als Patron der Reisenden und Kaufleute und Bewahrer vor Krankheiten Votivbilder mit einer Raphael-Tobias-Gruppe darzubringen, was bei Torrigiani mit seiner Mobilität als Händler ebenso zutreffend gewesen sein mag. Das Motiv basiert auf einer apokryphen Geschichte aus dem alttestamentlichen Buch Tobit. Die Bitte um Schutz für junge Kaufmannssöhne, die in ferne Länder geschickt wurden, oder aber der Dank für ihre glückliche Heimkehr dürften der Anlass für die Stiftungen gewesen sein. Zahlreiche solcher Tafelbilder sind aus Florentiner Kirchen erhalten. Stoß, der diese Bildtradition vermutlich nicht kannte, muss für die Anfertigung seiner Gruppe ein Vorbild, ähnlich den Bildern von Francesco Botticini (Accademia Carrara, Bergamo) oder Antonio (und Pietro) Pollaiuolo (Galleria Sabauda, Turin), von Torrigiani erhalten haben, das er dann dreidimensional umsetzte. Die zweifigurige Gruppe könnte ursprünglich – analog den erhaltenen italienischen Gemälden – links neben Raphael ein betender Stifter oder ein Hündchen als Reisebegleiter ergänzt haben.

Geschichte von Raphael und Tobias

Der alte, verarmte und aufgrund seiner Barmherzigkeit erblindete Israelit Tobit, der im Exil in Ninive lebt, hat vor langer Zeit einem Gabael in der Stadt Rages in Medien zehn Talente Silber zur Aufbewahrung anvertraut. Da er das Geld nun dringend benötigt, muss er seinen jungen Sohn Tobias auf die gefahrvolle Reise dorthin schicken. Besorgt um seine Sicherheit, weist der Vater diesen an, sich einen Begleiter zu suchen. Tatsächlich trifft Tobias auf einen Mann namens Raphael, in Wahrheit der Erzengel, den er um Beistand bittet. Mit dem Segen des Vaters und dem Versprechen auf reiche Entlohnung machen sich die beiden auf den Weg. Sie übernachten am Fluss Tigris, wo sie einen Fisch fangen. Dessen Galle, die nach Heimkehr dem Vater das Augenlicht wiedergeben sollte, wie Leber und Herz bewahrt Tobias auf Geheiß seines Begleiters in einer Dose auf. Der Unterstützung Raphaels ist es zu verdanken, dass der junge Tobias erfolgreich das Geld eintreiben kann und darüber hinaus eine Ehefrau gewinnt. Nachdem beide nach Ninive zurückgekehrt sind, will der alte Tobit ihn entlohnen. Raphael gibt sich daraufhin als Gesandter Gottes zu erkennen und entschwindet gen Himmel.
AT, Buch Tobit, 4,1–12,22

Der Erzengel ist in ein doppelt gegürtetes, antikisierendes Gewand gekleidet. Seine beschwingt, beinahe entrückt wirkende Gestalt wird von einem Manteltuch hinterfangen, das auf seiner linken Seite nach vorne schwingt und dessen gedrehten Saum er mit den Fingerspitzen der linken Hand hochzieht. Rechts verläuft das Tuch von hinten kommend über seinen angewinkelten Arm und fällt dann zusammengebauscht und schraubenförmig, in einem spitzen Zipfel auslaufend seitlich nach vorne herab. Vor allem in dieser Partie zeigt Stoß sein außerordentliches technisches Leistungsvermögen. Sie ist virtuos in Durchhöhlung und Isolierung ausgeführt: Freiplastisch, papierdünn und nur einmal aufliegend stößt der Gewandzipfel in den Raum vor. Stoß setzt hier augenscheinlich den Moment des Abhebens und Entschwindens des Erzengels in die Gewandrotation um. Neu ist die Verlagerung der frei schwingenden Stoffmassen an die Seiten der Figur, so dass der durchgebildete Körper des Engels zur Wirkung kommt. An den Florentiner Vorbildern orientiert, wird sich auf dem Handteller der rechten, erhobenen Hand Raphaels ursprünglich eine Dose mit den Fischinnereien befunden haben. Eine kleine rechteckige Aushöhlung an der Rückseite der Figur könnte auf ein ehemals dort befestigtes Flügelpaar, das zu einer leichteren Identifizierung der Figur als Engel geführt hätte, hindeuten. Der etwas schwerfällig wirkende Tobias ist in ein für die Entstehungszeit hochmodisches profanes Gewand gehüllt: Er trägt einen stoffreichen, geschlitzten Mantel mit Gürtel und überweiten Hängeärmeln über einem halblangen Untergewand. Auf seinen Schultern liegt ein doppelter, fein strukturierter Hermelinkragen. Kopf

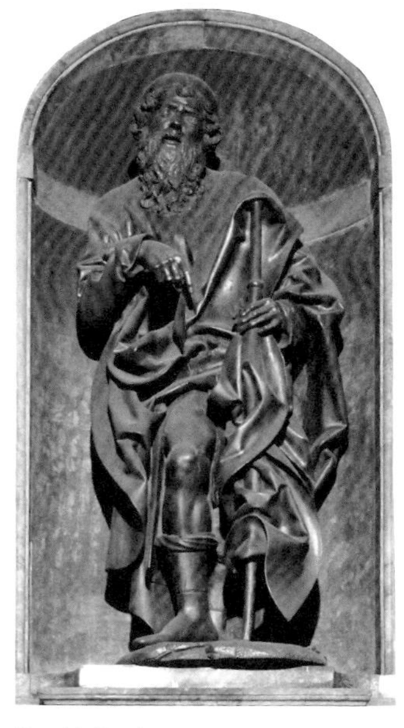

Der hl. Rochus, SS. Annunziata, Florenz, um 1520

und Füße sind mit einem Barrett und Kuhmaulschuhen geschmückt. In einer gezierten Schrittstellung mit gebeugten Knien nähert er sich dem Erzengel demütig von der Seite und legte diesem seine rechte Hand (heute verloren) an den Ellenbogen. Die Linke, deren eigenartige Fingerhaltung sofort ins Auge sticht, hielt wohl vormals eine Schnur oder ein Stöckchen mit einem daran baumelnden Fisch.

»MIRACOLO DI LEGNO«: HEILIGER ROCHUS

Ob der von Stoß zufriedenstellend ausgeführte Auftrag für Raffaelo Torrigiani mit einem zweiten, in Florenz befindlichen Bildwerk in Zusammenhang zu bringen ist, kann man heute nicht mehr nachvollziehen. Dort wird in der Servitenkirche Santissima Annunziata eine Rochus-Figur aufbewahrt, die ihm zugeschrieben wird. Vielleicht stand die Auftragsvergabe in Zusammenhang mit der Neuvergabe einer dem heiligen Rochus geweihten Kapelle im Jahr 1523. Der neue Patron war der Florentiner Girolamo di Domenico Boccianti, der damit auch als möglicher Auftraggeber in Frage kommt. Er hat nachweislich eine Rochus-Figur auf dem Kapellenaltar aufstellen lassen. Doch wäre auch eine fränkisch-italienische Stiftungstätigkeit denkbar: Die in Nürnberg ansässige Patrizierfamilie Imhoff führte die bis dahin nur in Italien praktizierte, in Deutschland wenig verbreitete Rochus-Verehrung 1485/90 mit einer dem Heiligen geweihten Kapelle in St. Lorenz ein. Die Pestwellen, die die Reichsstadt wie auch Florenz regelmäßig überrollten, mögen der Auslöser dafür gewesen sein. Doch fehlt für die Zeit um 1520 ein Nachweis konkreter Handelskontakte der Imhoff nach Florenz, die zur Stiftung einer von Stoß gearbeiteten Rochus-Figur in die Servitenkirche geführt haben könnten.

Der hoch gewachsene Pestheilige ist als ausgezehrter Greis mit leidendem, zerfurchtem Gesicht wiedergegeben. Sein eng am Körper entlangschwingender Mantel entblößt sein rechtes, seitlich nach vorne gestelltes Bein, auf dessen Oberschenkel sich eine Pestbeule befindet. Mit seinem gesenktem Blick und der zierlichen Geste seiner rechten Hand weist er auf diese hin

Giorgio Vasari: Zum Rochus des Maestro Janni francese

»Obgleich die Ausländer in ihren Sachen nicht den perfekten disegno haben, die die Italiener in ihren Sachen zeigen, so haben sie doch nichtsdestoweniger in einer Weise gearbeitet und arbeiten immer noch in einer Weise, dass sie die Sachen zu einer solchen Höhe der Verfeinerung führen, dass sie die Welt staunen machen: Wie man in einem Werk sehen kann, oder besser gesagt, in einem Wunder aus Holz von der Hand des Meisters Janni, des Franzosen. Dieser wohnte in Florenz, das er sich zur Heimat erwählt hatte. Und in Fragen des disegno, der ihm immer eine Freude war, übernahm er die italienische Manier und mit der Erfahrung, die er in der Bearbeitung von Holz hatte, schuf er aus Lindenholz eine Figur des Hl. Rochus in Lebensgröße; und er führte die Gewandung, die sie umhüllt, in der allerfeinsten Schnitzarbeit durch, so zart und durchbrochen und papiergleich und mit einem so schönen Verlauf der Faltenanordnung, dass es etwas noch Wundervolleres überhaupt nicht zu sehen gibt. Gleichermaßen führte er den Kopf, den Bart, die Hände und die Beine dieses Heiligen mit solcher Vollendung aus, dass diese Figur grenzenloses Lob von allen Menschen verdient hat und immer noch verdient; und was noch mehr ist, damit man in allen Teilen die Virtuosität des Künstlers sehen kann, so ist diese Figur bis auf den heutigen Tag in der Annunziata von Florenz aufbewahrt geblieben unter der Orgel, ohne jeden Überzug von Farbe oder Malerei, in der reinen Farbe des Holzes und mit der von Meister Janni gewohnten, makellosen Vollendung, über alles hinaus schön, das man in Holz geschnitzt sehen kann.«

und empfiehlt sich dem Gebet des gläubigen Betrachters. Seine linke Hand umfasst locker seinen auf dem Boden aufgestellten Pilgerstab, um den von der Schulter abwärts höchst artifiziell ein Mantelzipfel in schraubenförmigen Windungen geführt ist. Die gebauschten Faltenwürfe sind tief hinterschnitten und führen zu einem lebhaften Spiel von beleuchteten glatten Flächen und verschatteten Tiefen auf dem ungefassten Holz.

Dass nicht nur der unbekannte Auftraggeber Gefallen an dem Stoß'schen Bildwerk mit seiner hohen technischen Qualität fand, beweist die Aufnahme der Figur in die für die Kunstgeschichte bedeutenden, 1550 erschienenen »Le vite dei più eccellenti pittori, scultori e architetti« des italienischen Renaissance-Architekten, Malers und Autors Giorgio Vasari. In einem Kapitel über die Technik der Holzschnitzerei erwähnt er als einzige deutsche Skulptur den Rochus eines gewissen *»Maestro Janni francese«*, der als Veit Stoß identifiziert werden kann. Die technische Präzision der Figur, die Vasari als Wunder aus Holz *(»miracolo di legno«)* rühmt und die der Welt Erstaunen abverlangt *(»fare stupire il mondo«)*, ist freilich in ihrer hohen Qualität nur mit dem ausschließlich in Italien erlernbaren *»disegno«* (künstlerische Idee) denkbar. Deshalb verortet er den Wohnort des vorgeblich aus Frankreich stammenden Künstlers Janni kurzerhand nach Florenz. Der Autor lobt den wohlgeordneten Faltenwurf sowie die feine Schnitzarbeit und weist ausdrücklich auf das Fehlen jeglicher Fassung hin, was den Kunstwerkcharakter des Bildwerks noch betone.

Die Florentiner Aufträge der Stoß'schen Werkstatt dürften ein Resultat der engen Handelsbeziehungen der Nürnberger und italienischen Kaufleute gewesen sein. Der Nürnberger Autor Johann Neudörffer benennt in seiner Werkaufzählung (siehe Kasten S. 97) jedoch noch einen geografisch weiter reichenden Stoß'schen Auftrag aus Portugal. Die Figurengruppe eines lebensgroßen, farbig gefassten ersten Menschenpaares soll dieser für den dortigen König, vermutlich Manuel I., angefertigt haben. Wiewohl die von Neudörffer aufgeführten Eckdaten zu Stoß' Leben und Werk kritisch hinterfragt werden müssen, könnte diese Figurengruppe, die bei den Zeitgenossen wegen ihres Verismus Erstaunen und Entsetzen ausgelöst haben soll, durchaus existiert haben. Die Geschäftskontakte der Ravensburger Großhandelskaufleute wie auch die der Nürnberger Patrizierfamilie Imhoff reichten bis in die portugiesische Hauptstadt Lissabon.

Dank der genauen und gewissenhaften Buchführung des honorigen Nürnberger Patriziers Anton II. Tucher ist die Datierung des Engelsgrußes, eines der Hauptwerke Stoß', ohne jeglichen Zweifel in die Jahre 1517/18 anzusetzen. Am 12. März 1517 ist in Tuchers Haushaltsbuch, in das er seine Ein- und Ausnahmen verzeichnete, die erste diesbezügliche Notiz vermerkt: *»ein lintten [eine Linde] czu einem Mariapild dem Veit Stoß im wald hat laßen hawen und per Wirtt czu Puch hat laßen herein furn«*. Die im Winter geschlagene und vermutlich von Stoß ausgewählte Linde wurde dem Bildschnitzer also in die Werkstatt geliefert. Nur 15 Monate später, am 17. Juli 1518, einen Tag vor dem Jahrestag der Kirchenweihe von St. Lorenz, wurde die Stiftung im Chor aufgehängt und dann den Gläubigen präsentiert. Der 70-jährige Veit Stoß erhielt für den ausgeführten Auftrag einschließlich Fassen 426 Gulden. Zusammen mit einem dazugehörigen Marienleuchter setzte der Auftraggeber für die Stiftung den Betrag von 550 Gulden ein.

Für einen aktiven Kaufmann wie Tucher werden die Gründe für die großzügige Stiftung vordringlich die Jenseitsvorsorge für sein Seelenheil sowie seine Marienverehrung und der Wunsch nach adäquater Repräsentation der Familie in St. Lorenz gewesen sein. Die über die Rosenkranzfrömmigkeit geübte Marienverehrung war in der Stadt seit der Einführung des Rosenkranzgebetes durch die Nonnen des Katharinenklosters im Jahr 1490 etabliert. Fünfmal zehn Ave Marias wurden, unterbrochen von jeweils einem Vaterunser am Beginn und einem »Ehre sei dem Vater« am Ende, am Stück gebetet. Dazu kamen freudenreiche oder schmerzhafte Geheimnisse aus dem Leben Jesu oder Marias. Auch der fromme Tucher gehörte wohl zu den Anhängern des Maria preisenden Gebets, dessen andächtige Wiederholung Ablass brachte. Seine diesbezüglichen Kerzen- und Andachtsstiftungen sind auch für weitere Nürnberger Kirchen nachzuweisen.

Ursprünglich schwebte Tucher vermutlich ein Leuchter mit einem Marienandachtsbild in einer Strahlengloriole vor, das von einem Rosenkranz gerahmt wurde. Doch der Bild-

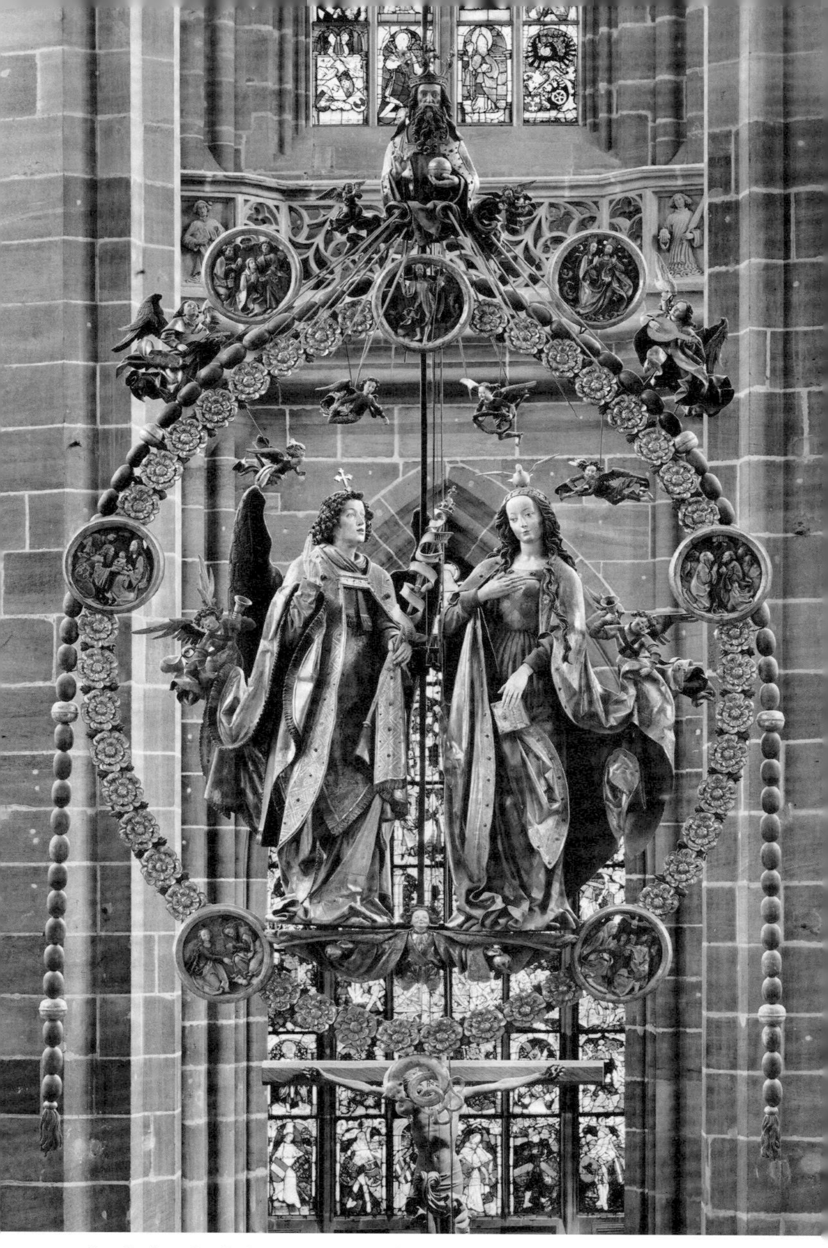

Englischer Gruß, St. Lorenz, Nürnberg, 1517/18

schnitzer suchte für diesen renommeeträchtigen Auftrag nach einer innovativen Gestaltung. Zusammen mit dem Stifter und wohl auch dem Propst von St. Lorenz entstand ein neues Konzept, das den Leuchter von dem eigentlichen Bildwerk trennte. Statt einer einzelnen Marienfigur mit Christusknaben wählte der versierte Künstler eine Szene, die Verkündigung an Maria, die den Beginn der Menschwerdung und Einleitung des Erlösungswerks Christi darstellt. Diese wird von einem großdimensionierten ovalen Rosenkranz (3,72 m hoch, 3,20 m breit) umfangen. Im luftigen Anbringungsort des Bildwerks setzte Stoß ingeniös den Schwebezustand Christi zwischen Gott und Mensch um. Der irdischen Realität enthoben und gleichzeitig für einen großen Betrachterkreis sichtbar, hängt der Engelsgruß wie eine himmlische Vision im hierarchisch wichtigsten Raumteil, dem Chor der Kirche. Hinterfangen von den bunten Chorfenstern und damit dramaturgisch überhöht, verortet er sich wie in einer natürlichen Strahlenglorie im lichtdurchfluteten Kirchenhimmel. Der Kirchenraum wird zur Bühne der pathosträchtigen Inszenierung der Verkündigung. Die beiden überlebensgroßen Figuren des Gabriel und der Maria (ca. 2,20 m), deren räumliche Präsenz und Wirklichkeitsnähe durch eine subtile farbige Fassung noch erhöht wird, präsentieren sich in dem Rosenkranz wie in einem großen, ovalen Schaufenster.

Die beiden vollplastischen Figuren sind zwar als Standbild wiedergegeben, spiegeln aber in Mimik und kleinen Gesten die komplette szenische Abfolge der Verkündigung: Mit ausholendem Schritt und flatterndem Gewand nähert sich der mit Albe, Dalmatik und goldenem Pluviale wie ein Priester bekleidete Gabriel, die rechte Hand zum Segensgruß erhoben, in der Linken einen Heroldsstab mit Spruchband, auf dem der lateinische Wortlaut seines Grußes, ergänzt mit einem Teil der Antwort Marias, verzeichnet ist. Ein kleiner Jesusknabe mit geschultertem Kruzifix, der sich bis zum 19. Jh. auf der Spitze des Stabes befand, über den er von Gottvater zu Maria hinabglitt, ist heute leider verloren. Der ernst blickenden, wie eine Nürnberger Patriziertochter gekleideten Jungfrau, die seine

Botschaft vernimmt und mit ihrer rechten Hand zum Herzen führt, entgleitet zugleich im Schreck die Heilige Schrift in ihrer Linken, in die sie eben noch vertieft war. Weit und bewegt bauscht sich ihr goldener Mantel im Moment der Empfängnis Christi durch den Heiligen Geist, der in Form einer auf ihrem Kopf gerade landenden weißen Taube wiedergegeben wird. Beide Figuren stehen auf den breiten Schwingen eines kleinen Engels, der mit freudigem Gesicht zwei Schellen schwingt. Diese verweisen auf die direkt unter dem Bildwerk stattfindende Wandlung der Hostie am Altar, die ebenfalls vom Läuten der Altarschellen begleitet wird. Gleichsam akustisch eingerahmt wird die Figurengruppe auch durch mehrere kleinformatige Engel, die auf Instrumenten musizieren und dabei Maria und Gabriel umflattern.

50 Rosen für jeweils ein Ave Maria umschließen als rahmender Kranz die Verkündigungsszene. Die fünf regelmäßig dazwischen angeordneten größeren Medaillons (Durchmesser 48 cm) zeigen die »Freuden Mariae«: die Geburt Christi, seine Anbetung durch die Heiligen drei Könige, seine Auferstehung und Himmelfahrt sowie das Pfingstfest. Außerhalb des Rosenkranzes, an der oberen Spitze des Ovals, befinden sich zwei weitere mit dem Tod Marias und ihrer Himmelfahrt. Über diesem aus Rosen und Medaillons gebildeten Kranz liegt eine Paternosterschnur aus 66 silber- und fünf goldfarbenen Trennperlen, die die Anzahl der Lebensjahre Marias wiedergeben sollen.

Ganz oben auf dem Rosenkranz erhebt sich auf einer Wolkenbank mit Strahlenkranz in Halbfigur Gottvater mit einer übergroßen Akanthusblattkrone auf dem Haupt, in der linken Hand die Weltkugel, rechts den Segengestus ausführend. Diese in der Kunstgeschichte eher seltene Darstellung Gottvaters im Zusammenhang mit der Verkündigung vervollständigt hier die Trinität und setzt die Zeile aus dem Lukas-Evangelium (Lk. 1,35) um, dass *»die Kraft des Höchsten«* Maria im Moment der Empfängnis *»überschatten«* werde. Ein weiteres interessantes Detail befindet sich am unteren Ende und damit zugleich an tiefster Stelle des Ovals, den Gläubigen direkt zugeordnet:

Dort krümmt sich die mit einem Marderkopf versehene, zweischwänzige Schlange des Sündenfalls, deren Ohren weit für die Botschaft des Engels darüber geöffnet sind. Sie trägt einen roten Apfel im Maul, der deutlich die Bissspuren Evas zeigt.

Getrennt vom Englischen Gruß konzipierte Stoß einen von dem Nürnberger Schlosser Jakob Pullmann gefertigten Marienleuchter mit 55 Kerzen, der inhaltlich mit dem Engelsgruß in Zusammenhang steht. In 8,50 m Entfernung westlich von ihm angebracht, soll er in illuminiertem Zustand die Verkündigungsszene in gleißendes Licht tauchen.

Mit zu Stoß' Konzeption gehört auch die auf dem Dachboden der Lorenzkirche aufgestellte große Winde, an deren Welle ein Tretrad mit 1,80 m Durchmesser angeschlossen ist. Über dieses Rad konnte über ein Loch in der Decke des Chors das an einer Eisenkette hängende, 800 kg schwere Kunstwerk heruntergelassen und wieder hinaufgezogen werden.

Stoß berücksichtigte in seinem Konzept des Engelsgrußes vor allem die Sehbedürfnisse der Gläubigen, die etwas Ungewöhnliches erwarteten und die über das Kunstwerk zum meditativen Rosenkranzgebet angeleitet werden sollten. Auf die Disposition des Kirchenraumes mit der großen Fensterrose im Westen abgestimmt, installierte Stoß mit dem riesigen, frei schwebenden Rosenkranz eine korrespondierende Ovalform im Osten. Zugleich verzichtete er auf die spätgotische Tradition, die Verkündigung in einem Innenraum darzustellen (siehe dazu das Epitaph der Margarete von Wildenfels, S. 107), und reduzierte die monumentale Szene auf die Personen Marias und des Erzengels. Den ruhig und statuarisch präsentierten, auf Fernwirkung angelegten Großfiguren stellte er deren bewegte Gewänder gegenüber. In einem Stilrückgriff auf die Gestaltungsprinzipien des Krakauer Marienalters ließ er die Mäntel als Gradmesser der inneren Erregung in großen ohrenförmigen Bäuschen und Falten aufflattern. Auch die begleitenden Engel und der segnende Gottvater begegnen hier bereits.

Anton II. Tucher als Auftraggeber

Zum Leben des Nürnberger Patriziers Anton II. Tucher (1458–1524) besteht eine gute Überlieferungslage. Im Auftrag der Familie hatte sich im Jahr 1542 der Ratskonsulent und Humanist Christoph II. Scheurl durch das Familienarchiv gearbeitet und auf dieser Grundlage das sogenannte Tucherbuch (British Museum, London), eine umfassende Darstellung der Geschichte des Geschlechts, verfasst. Dem Stammbaum folgend, führte er für jedes männliche Familienmitglied einen kurzen Lebensabriss und eine Beschreibung der Charaktereigenschaften an. Scheurl schildert Anton II. als *»pflichtgetreu und ernst, nicht hoffärtig, [...] weder ehr-, geld- noch rachgierig, eines stillen, geruhigen, muthsamen, friedlichen gemüths; [...] Bei Rat und Gemeinde war er in merklicher reputation, hoch angesehen und gehalten«*.

Die einflussreichen Tucher waren seit 1309 in der Reichsstadt ansässig, gehörten zu den alten ratsfähigen Geschlechtern und zogen bis ins 17. Jh. ihren Wohlstand aus dem Fernhandel mit Tuch, Gewürzen und Silber. Anton II., einer der bedeutendsten Vertreter der Familie, wurde in der Hochblüte der Reichsstadt, im Jahr 1507, in das mächtige städtische Amt des Vordersten Losungers (1. Bürgermeister und Verwalter der städtischen Steuern) berufen. Zugleich war er von 1505 bis 1523 mit dem Amt des Kirchenpflegers von St. Sebald betraut, wo sich die Grablege der Familie befand. Die 1657 dorthin überführte Stoß'sche Andreasfigur ist der erste nachweisbare Tucher'sche Auftrag an den Bildschnitzer, der wohl kurz nach der Schuldscheinaffäre an ihn erging. Für Stoß' unternehmerische Einstellung spricht, dass er trotz andauernder Streitigkeiten mit dem Rat für dessen ersten Repräsentanten problemlos tätig sein konnte und wollte. Die Tucher'schen Aufträge an ihn reißen bis zum Ableben Antons II. nicht ab. Kurz vor dem Engelsgruß im Jahr 1517 bezahlte Tucher für den geschnitzten Rahmen einer byzantinischen Ikone (Rahmen verloren,

Tafel im Germanischen Nationalmuseum, Nürnberg), die er in Venedig erworben hatte, einen Betrag von 50 Gulden an Stoß.
Tucher stiftete neben seinem Engagement für St. Sebald auch großzügig für andere Kirchen, insbesondere für die Lorenzkirche, an der sein Bruder Sixtus und sein Vetter Lorenz nacheinander das Amt des Propstes innehatten. Der dort von 1439 bis 1477 errichtete neue Hallenchor war noch nicht vollständig ausgestattet und bot Potential für ein raumbestimmendes Schnitzwerk. Ein zusätzlicher Anreiz für den Tucher'schen Auftrag könnten die bis dahin größte Stiftung – das virtuos gefertigte Sakramentshaus von Adam Kraft – sowie das Triumphkreuz durch die Patrizierfamilie Imhoff gewesen sein. Der konkurrierende Stoß'sche Engelsgruß übertraf die Imhoff-Stiftung durch die Anbringung mittig im Chor, der praktisch zum Gehäuse des Bildwerks degradiert wurde. Als lichtdurchfluteter »Eyecatcher« zog er beim Eintritt in die Kirche die Blicke der Gläubigen sofort auf sich. Die Wirkungsmacht des Kunstwerks ließ Tucher 1519 über dem Engelsgruß eine eiserne Krone mit 40 Messingringen anbringen, an denen ein Vorhang befestigt war. Damit konnte der Engelsgruß wie bei einem Flügelretabel den Blicken entzogen und nur mehr an den Marienfeiertagen enthüllt werden. Mit Einführung der Reformation im Jahr 1525, also kurz nach Tuchers Tod, wurde der Englische Gruß für die Gläubigen unsichtbar gemacht, damit aber auch geschützt: Der Vorhang wurde unten wie ein Sack zugebunden, das Kunstwerk weiter hochgezogen und um 90 Grad gedreht, so dass es im Chorgewölbe nicht mehr auffiel. Luther hatte sich bereits 1523 gegen das Beten des Rosenkranzes ausgesprochen und ihn damit zu einem Zeichen der Altgläubigkeit degradiert. Die 1524 von Tucher testamentarisch für weitere zehn Jahre gestifteten Kerzen für den Marienleuchter, die die Verkündigungsszene anstrahlen sollten, waren damit ihrer eigentlichen Bestimmung entzogen worden.

Die Gestaltung eines Kruzifixes unterliegt einer strengen, von der Kirche vorgegebenen Ikonografie, die der schöpferischen Freiheit des Künstlers enge Grenzen setzt. Eine schnelle Betrachtung der überlieferten Reihe Stoß'scher Kruzifixe lässt deshalb vor allem das Gemeinsame wie eine einheitliche Konzeption, ihre große Ausdruckskraft und die artifizielle Behandlung des Lendentuches hervorstechen. Jedoch werden subtile Unterschiede bei intensiver Beschäftigung mit ihnen deutlich: in der Haltung des Gekreuzigten, der anatomischen Wiedergabe seines Körpers und in der Intensität der Darstellung seines Leidens. Eine serielle Massenproduktion, wie sie aus der Würzburger Riemenschneider-Werkstatt bekannt ist, kam bei Stoß nicht vor.

Im Jahr 1904 fand ein Nürnberger Restaurator im ausgehöhlten Rumpf eines bis dahin Veit Stoß nur zugeschriebenen Kruzifixes in St. Sebald einen Zettel: *»Jhs Maria / Adi [anno Domini] 27 Julius 1520 jar / ist diser got auff gericht / durch Nicklos Wickel zw / Nurnberg mit helff augg / tichtl und ist gemacht / von veit stoß zw nurnberg / kost[et] ploß mit holz v[n]d gott allein 39 fl rhein.«* Besagter Nicklos Wickel war – genau wie sein mitfinanzierender Schwiegersohn Augustin Tichtel – in Nürnberg als Kaufmann tätig. Das Kruzifix war wohl zunächst *»ploß«*, also ungefasst, und erst in einem weiteren, später durchgeführten Arbeitsgang bemalt worden (heute wieder ungefasst). Die Jahreszahl 1520 gibt den Zeitpunkt der Aufstellung der Stiftung vor dem Sebaldusgrab in St. Sebald an, von wo es schon zwei Jahrzehnte später wegversetzt wurde, da es den Blicken der Gläubigen auf den Prediger im Weg stand. 1823 wurde es zusammen mit der Stoß'schen Maria und dem Johannes von 1506/07 in einen neugotischen Altar (heute zerstört) integriert und bronziert. Anlässlich einer für das Jahr 1652 überlieferten Restaurierung lässt sich die hohe Wertschätzung der Arbeit auch in späterer Zeit nachvollziehen: Der Nürnberger Bildhauer und Restaurator Georg Schweigger bot 1000 Dukaten für das Bildwerk, was freilich von der Gemeinde zurückgewiesen wurde. In zwei von

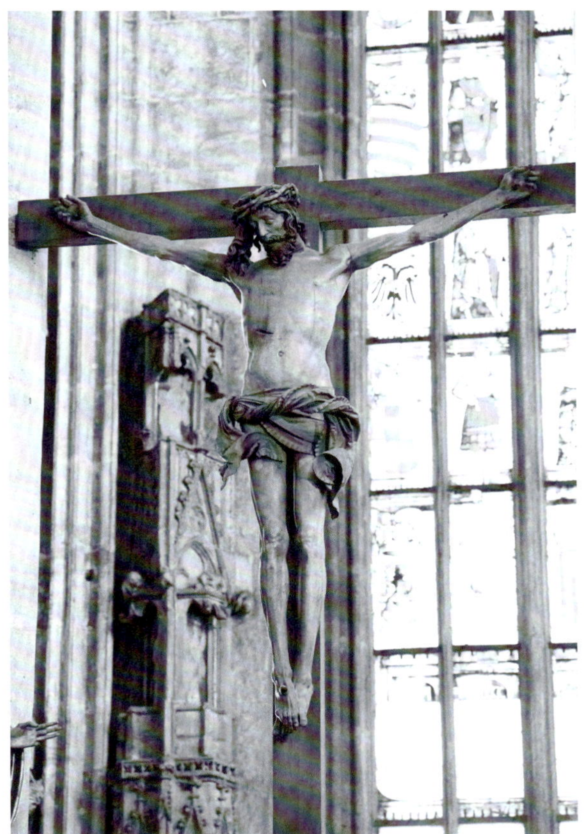

Kruzifix des Nicklos Wickel, St. Sebald, Nürnberg, 1520

Schweigger selbst angefertigten Kruzifixen fand das Stoß'sche Vorbild seinen Niederschlag. Begeistert wird den barocken Bildhauer vor allen Dingen die große Naturnähe haben, die sich auch in einer Quelle vom Anfang des 19. Jhs. in der Annahme dokumentiert, dass Stoß den Christus nach einem Leichnam gearbeitet haben müsse.

Beim Wickel'schen, dem letzten der von Stoß bekannten Kruzifixe, verzichtete der Bildschnitzer auf die gewohnte drastische und unmittelbare Demonstration des Leidens zugunsten der körperlichen Schönheit Christi. Die Figur ist zwischen realistischer Wiedergabe und Schönlinigkeit perfekt ausgependelt: Die Arme sind nur mehr v-förmig ausgespannt, das schmerzvoll verzogene Gesicht mit dem offenen Mund ist nur leicht geneigt, der Körper weniger detailreich wiedergegeben. Dieser verhaltenen Demonstration von Schmerz ist der sich »hochpathetisch« (Kashnitz) nach vorne bäumende Rumpf des Gekreuzigten entgegengesetzt. Trotz der verlorenen Fassung wird deutlich, wie lebensnah und sensibel Stoß die Oberflächenstruktur der menschlichen Haut, das plastische Aderwerk und die anatomisch durchgebildeten Hände und Füße gearbeitet hat. Das gebauschte Schamtuch mit gewelltem Saum und kunstvollem Knoten flattert wie eine Fahne im Wind nach rechts.

Ein etwas früher, auf 1516 bis 1520 datiertes, heute in St. Lorenz befindliches Exemplar vervollständigt die Reihe der Nürnberger Kruzifixe. Stoß zeigt hier eine weitere Nuancierung des festgelegten Themas. Das Lindenholzkruzifix des Hochaltares war nie für eine farbige Fassung vorgesehen, ist mit einer vereinheitlichenden hellbraunen Lasur überzogen und wirkt wie eine fein modellierte Bronzeskulptur. Unterstrichen wird die metallische Wirkung der Holzoberfläche durch die bewusste Stilisierung des Christuskörpers mit nur summarisch wiedergegebener Durchbildung. Stoß vernachlässigte die anatomischen Einzelformen, setzte vielmehr auf das Spiel von Licht und Schatten auf den gerundeten, an- und abschwellenden Partien. Zu dieser Wirkung tragen auch der s-förmig ausschwingende Leib und das vor dem Unterkörper ringförmig gedrehte Lendentuch bei, das in höchster handwerklicher Präzision aus demselben Block wie der Corpus geschnitzt ist. Die gekonnte Nachahmung einer Bronzeskulptur im Medium des Holzes scheint angesichts Stoß' vergeblicher Mühen, sich im Handwerk der Rotgießer zu behaupten, eine adäquate Möglichkeit für ihn gewesen zu sein, seine technische Meisterschaft und sein Interesse an Materialvielfalt zu demonstrieren.

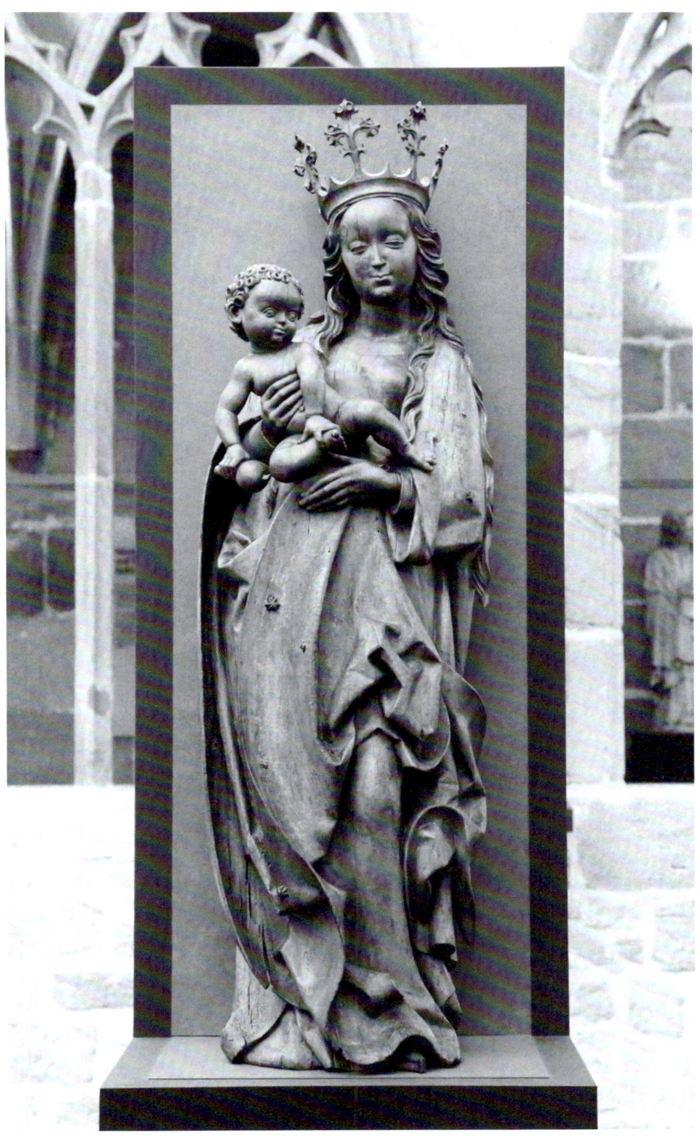

Hausmadonna der Wunderburggasse 7, Germanisches Nationalmuseum, Nürnberg, um 1520

KLEINERE FORMATE

Zum Spätwerk des Veit Stoß zählen mehrere kleinere Werke, die sich heute allesamt im Germanischen Nationalmuseum in Nürnberg befinden. Gegen 1520 fertigte er für den Eigentümer seines Nachbarhauses, Wunderburggasse 7, eine ehemals farbig gefasste, aus Lindenholz gearbeitete Hausmadonna. Die hoheitsvolle, klassisch wirkende Gestalt der Muttergottes mit Kind zeigt seinen Altersstil. Stoß verzichtet bei der eleganten Gewandführung mit tiefen Unterschneidungen auf jene eigenständige Dynamik der Gewandmassen, die bei der 20 Jahre früher entstandenen Hausmadonna vom Weinmarkt hervorsticht. Abgeklärt und entrückt wirkt die Muttergottes, die mit ihrer linken Hand eine große Partie ihres Mantels bis an die Taille schiebt, was ein dichtes, körpernahes Faltengeriesel auf Höhe ihres linken, nach vorne gedrückten Beines zur Folge hat. Auf der anderen Körperseite hingegen fließt der Mantel in einer langen, steilen Kurve bis auf den Boden. Heftige Bewegung und ruhig geführte Gegenbewegung sind perfekt ausgependelt und führen zu einem geschlossenen, schmalen Figurenumriss.

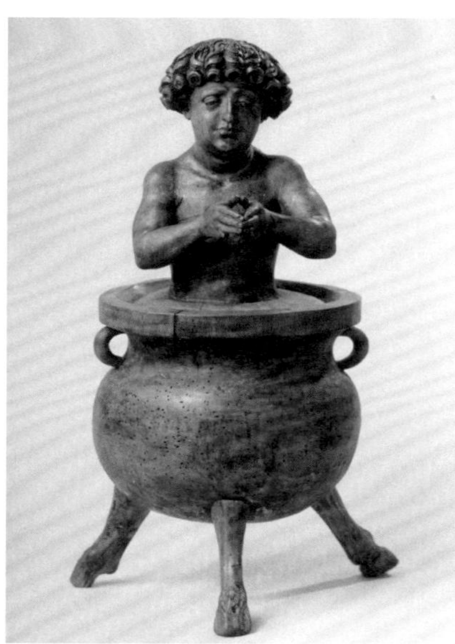

Der hl. Veit im Ölkessel, Germanisches Nationalmuseum, Nürnberg, 1520

Aus dem gleichen Jahr stammt eine aus Lindenholz gefertigte, nur 50 cm hohe Figur eines heiligen Veit im Ölkessel. Das Entstehungsjahr 1520 und Stoß' Meisterzeichen befinden sich auf der Unterseite des Kesselbodens. Der junge, unbekleidete Heilige sitzt, bis zum

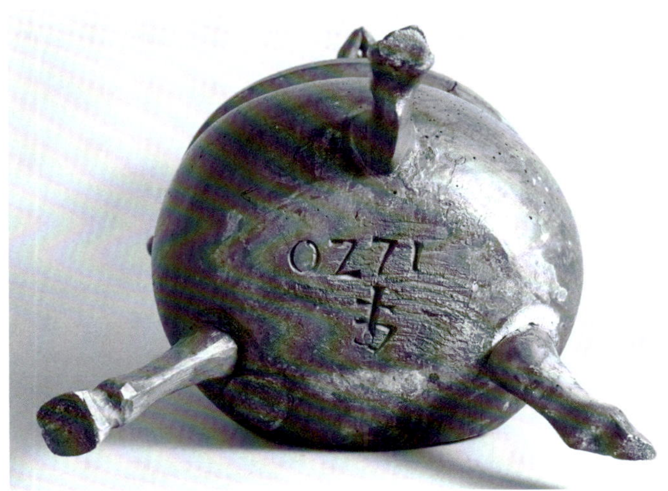

Unterseite des Ölkessels mit Stoß' Meisterzeichen und Entstehungsjahr, Germanisches Nationalmuseum, Nürnberg, 1520

Bauchnabel sichtbar, mit erhobenen, gefalteten Händen in einer Grape, einem kugelförmigen Kochgeschirr mit drei Standfüßen. Sein athletischer Oberkörper ist anatomisch korrekt wiedergegeben; sein Gesicht strahlt trotz seines Martyriums in der kochenden Flüssigkeit Ruhe, Gelassenheit und damit den Sieg über die zu erleidenden Qualen aus. Wo sich die Figur ursprünglich befand und wofür sie gedacht war, ist nicht bekannt. Der auf der Rückseite abgeflachte Kessel legt eine Aufstellung in einer mit mehreren Figuren besetzten Predella eines Flügelaltars nahe, von wo aus der Märtyrer mit seinen erhobenen Händen auf das auf der Altarmensa vollzogene eucharistische Opfer hingewiesen haben könnte. Die heute abgelaugte Figur war ursprünglich wohl von prächtiger Farbigkeit: Über den vergoldeten Kessel zogen sich rot-grüne Flammenzungen, die Korkenzieherlocken des fleischfarben gefassten Gesichts erstrahlten in hellem Gold.

Der letzte Auftrag, den der Patrizier Anton II. Tucher an Veit Stoß vergab, resultiert aus dem Jahr 1522. Dem Bild-

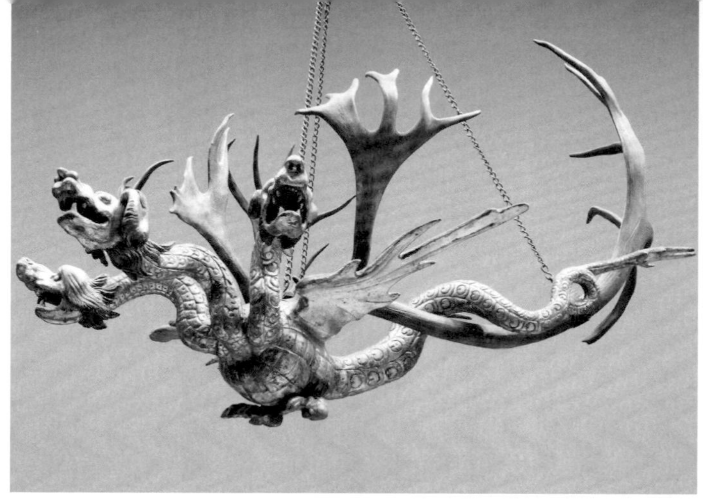

Drachenleuchter, nach einem Entwurf von Albrecht Dürer, Germanisches Nationalmuseum, Nürnberg, 1522

schnitzer oblag jedoch nur die Ausführung; für den Entwurf des sogenannten Drachenleuchters zeichnete Albrecht Dürer verantwortlich. Seine Visierung aus dem Jahr 1513, nach der Stoß später gearbeitet haben dürfte, ist erhalten (Wessenberg-Galerie, Konstanz). Wie bereits beim Englischen Gruß, verzeichnete der akribisch Buch führende Kaufmann die Eckdaten des Auftrags sowie den Preis von 24 rheinischen Gulden. Tucher gehörte seit 1493 zum Inneren Geheimen Rat der Reichsstadt, den »Septemvirn« (sieben Männer), die die höchste Instanz reichsstädtischer Verwaltung darstellten. Für die Regimentsstube, wo die Runde regelmäßig tagte, war der besondere Leuchter bestimmt. Ein geschnitzter dreiköpfiger, geflügelter Drache mit zwei gewundenen Schwänzen ist mit einem kolossalen Rentiergeweih kombiniert. Kunsthandwerk und Naturmaterial wurden zu einem einzigen Objekt vereint; die jeweiligen Grenzen erschließen sich nur mehr bei intensiver Betrachtung. Figürliche Leuchterkronen wie die Lüsterweibchen waren im 15. Jh. allgemein üblich. Das Besondere dieses Exemplars stellte die Wahl eines Fabeltieres als Trägerfigur dar. Über Dürers Entwurfszeichnung hinaus arbeitete der Bildschnitzer die Oberflächen der Köpfe, der dazugehörigen Hälse sowie des Drachenkörpers unterschiedlich ornamentiert und fasste die gesamte Figur in Gold. In Kombination mit den sieben Kerzen, die ursprünglich oben auf dem Körper angebracht werden konnten und wohl für die Weisheit der sieben Männer standen und ihnen zur »Erleuchtung« dienen sollten, muss der Leuchter wie ein von Licht umstrahltes fliegendes Monster gewirkt haben. Die Assoziation eines Kerberos, des dreiköpfigen Höllenhundes der griechischen Mythologie als unüberwindlicher Wächter des Eingangs zur Unterwelt, ist vermutlich von Tucher gewollt: Autorität, Machtanspruch, aber auch die drückende Last der Verantwortung für die reichsstädtischen Geschicke, die die sieben Männer unerbittlich auf ihren Schultern trugen, manifestieren sich darin.

KULMINATIONSPUNKT

Die Jahre 1518 bis 1520 müssen für Stoß eine Genugtuung gewesen sein: Die Werkstatt war wieder in vollem Betrieb, die Aufträge flossen reichlich, der fertiggestellte Großauftrag für den wichtigsten Mann der Reichsstadt, Anton II. Tucher, brachte ihm Ruhm und Anerkennung ein. Die Querelen mit dem Rat der Stadt um die Trummerfehde hielten sich mittlerweile in Grenzen, selbst der Unterbringung seiner Tochter Margarete als Nonne im Dominikanerinnenkloster in Engelthal, was nur Töchtern angesehener Bürger gestattet war, stimmte der Rat 1519 wohlwollend zu. Als der Prior des Nürnberger Karmeliterklosters Johannes Zeydelmair verstarb, wandte sich der Rat 1520 an den Ordensprovinzial Georg Muffel und bat um Entsendung *»ein[es] tapfere[n], verständige[n] Mann[es], der in geistlichen und weltlichen Dingen dem Koster wohl vorstehen möge«*. Auf Dr. Andreas Stoß, den Sohn des Meisters, der zu diesem Zeitpunkt Prior im heutigen Budapest war und der die Brandmarkung seines Vaters als Karmelitermönch in Nürnberg hautnah miterlebt hatte, fiel die Wahl der Stadtoberen. Andreas kehrte daraufhin in seine Heimatstadt zurück.

8 Stoß' Vermächtnis

HOCHALTAR DER KARMELITERKIRCHE IN NÜRNBERG

Am besten in Schriftquellen gesichert ist Veit Stoß' letztes Werk, der ehemalige Hochaltar der Nürnberger Karmeliterkirche St. Salvator (heute Dom, Bamberg). Hinzu kommt ein allgemein sehr selten erhaltenes Dokument: der dazugehörige eigenhändige Altarriss (Universitätsbibliothek, Krakau) des Künstlers, den er zur Genehmigung beim Auftraggeber vorgelegt haben dürfte. Letzterer war für den Bildschnitzer kein Fremder: Andreas Stoß als neuer Prior des Karmeliterklosters schloss bereits fünf Monate nach seinem Antritt, am 13. Juli 1520, mit dem Vater den Vertrag für den Flügelaltar. Stoß senior sollte ihn binnen drei Jahren fertigstellen und dafür 400 Gulden erhalten, zahlbar in jährlichen Raten à 50 Gulden bis zur vollständigen Abbezahlung. Das Honorar ist für einen Altar dieser Größe gering bemessen. In einem späteren Schreiben an den Rat der Stadt vermerkte der Bildschnitzer, dass er auch bei einer Verdoppelung des Betrages noch keinen Gewinn erzielt hätte. Vielmehr deckten die 400 Gulden nicht einmal seine Auslagen. Dem 70-jährigen Stoß ging es bei diesem Auftrag nicht um ein angemessenes Entgelt, sondern um viel mehr: Um ein Werk, das den Zenit seines Könnens repräsentierte, von höchster künstlerischer Aktualität war und das mit seiner Mitstiftung in Form des verminderten Honorars zur Erinnerung an seine Person dienen sollte. Er ließ es sich nicht nehmen, den Altar wie sein Renommierprojekt in Krakau komplett in Schnitzerei auszuführen. Im Wettstreit der Rangfolge der Gattungen Skulptur und Malerei, dem sogenannten Paragone, der in der ersten Hälfte des 16. Jhs. in Italien intensiv ausgetragen wurde, siegte – wie sollte es anders sein – auf ganzer Linie die Skulptur.

Der Bildschnitzer arbeitete fleißig und konnte den Zeitplan einhalten: 1523 wurde der mit seinem Meisterzeichen versehene, datierte Hochaltar in der Klosterkirche aufgestellt. Bis zu diesem Zeitpunkt waren für die Schnitzarbeiten 158

Gulden von Seiten des Konvents erstattet worden. Die Auszahlung der Restsumme von 242 Gulden kam ins Stocken: Als die Reichsstadt sich im Jahr 1525 zur Reformation bekannte, wurde Stoß' Sohn Andreas als Anführer der Altgläubigen aus der Stadt verbannt; das Kloster wurde aufgelöst, dessen Vermögen floss in die gemeine Stiftung »Großes Almosen« mit dem Nürnberger Rat als Finanzverwalter. Damit begann für den wieder einmal um sein Geld ringenden Bildschnitzer und alle weiteren Beteiligten eine kräftezehrende Auseinandersetzung. Als Stoß die fällige Restschuld des Ordens für den Altar beim Rat einforderte, verweigerte dieser die Summe und verwies den verärgerten Künstler diesbezüglich an seinen Sohn als Auftraggeber. Zwischenzeitlich hatte sich nämlich der in der Stadt verbliebene Teil des Nürnberger Karmeliterkonvents auf die Seite des Rats geschlagen und behauptete, die Beauftragung von Veit Stoß sei ohne sein Wissen erfolgt; zudem habe der Bildschnitzer nicht *»einwandfrei Rechnung abgelegt«*. Der beschuldigte Andreas Stoß, der in Straubing Zuflucht gefunden hatte, stritt dies vehement ab. Am 1. Juli 1525 schrieb er dem Rat, dass der Altar über 1000 Gulden wert sei, und appellierte, dass er *»durch ain ainzige hand [d. h. eigenhändig von Stoß gemacht sei]. Es lobt sych und schend sych selbst [d. h., das Werk spricht für sich selbst].«* Als der Rat Veit Stoß als Einigungsangebot schließlich vorschlug, den Altar an ihn zu übergeben und auf das bereits bezahlte Honorar zu verzichten, wies dieser das Ansinnen zurück. Ihm lag an einer Aufstellung seines Vermächtnisses an dem für diesen Altar bestimmten Platz. Zudem war die Verkäuflichkeit des Stücks mit circa 8 m Höhe durch die Bilderfeindlichkeit der reformatorischen Bewegung stark eingeschränkt. Erst lange nach seinem Ableben und dem seines Sohnes erhielten die Erben von Andreas, dem der Altar von den Nürnberger Testamentsvollstreckern auf sein väterliches Erbteil angerechnet worden war, den Altar zurück und verkauften ihn 1543 vermutlich an Bischof Weigand von Redwitz nach Bamberg. Dort wurde er in der Oberen Pfarre aufgestellt. 1937 gelangte er als Leihgabe in das südliche Seitenschiff des Domes.

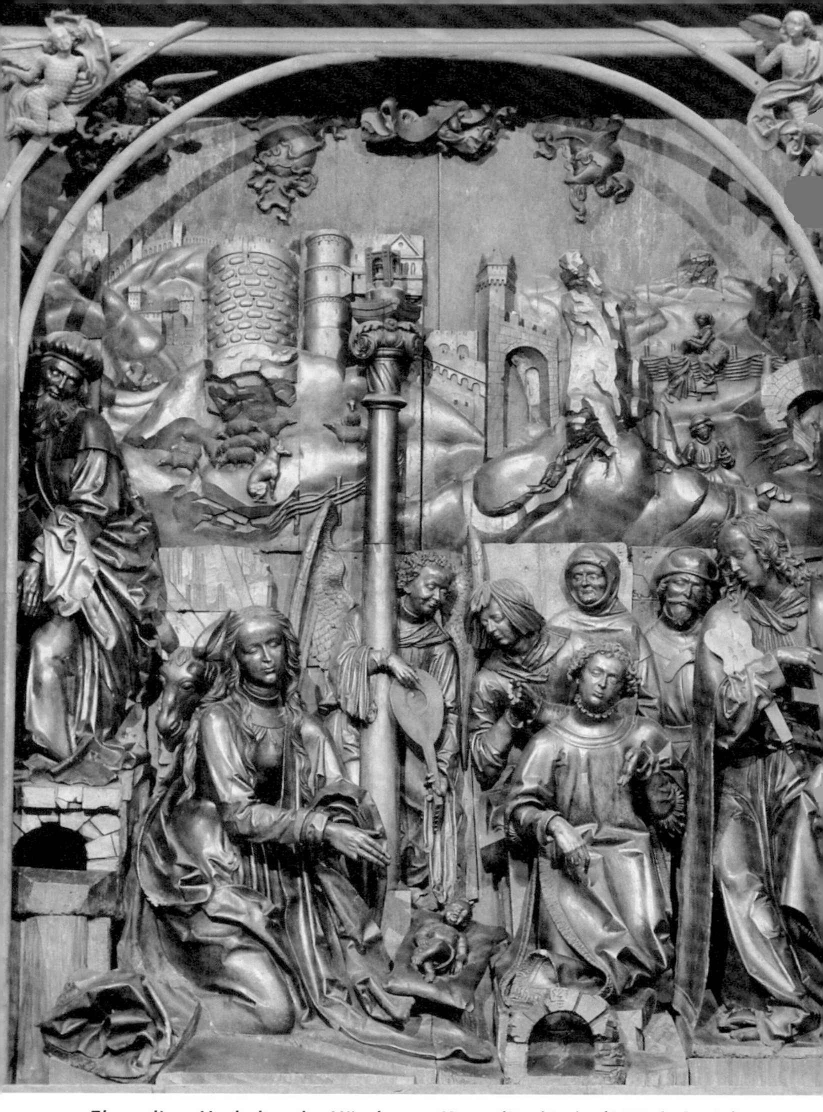

Ehemaliger Hochaltar der Nürnberger Karmeliterkirche (Mittelschrein), Dom, Bamberg, 1520–1523

Der heutige Altar entspricht nicht mehr dem Zustand von 1523. Das zu diesem Zeitpunkt als vollendet anzunehmende Werk muss im Laufe seiner weiteren Geschichte Veränderungen erfahren haben. Erhalten ist der leicht abgewandelte Mittelschrein mit der Geburt Christi. Der linke Altarflügel zeigt oben die Flucht nach Ägypten (ursprünglich wohl an der Flügelaußenseite) und unten die Anbetung der Könige, der rechte die Geburt Marias (ebenfalls vormals Flügelaußenseite) und darunter die Darbringung im Tempel. Drei Flügelreliefs, die Predellaszenen, der obere Abschluss und die Figuren der Rahmung des Schreins sind heute verloren. Ein Relief und zwei Apostelgruppen der Himmelfahrtsszene des Aufsatzes werden im Diözesanmuseum in Bamberg verwahrt.

Einen Eindruck der formalen Intentionen des ursprünglichen Altars gibt der erhaltene Altarriss von 1520. Trotz spätgotischer Reminiszenzen zeigt er eine neuartige italienisierende Konzeption der Altaraufsätze sowie eine durch eine gemeinsame architektonische Rahmung an den Schrein angebundene Predella. Der Mittelschrein war über einer Kehle von einem kleeblattförmigen Aufsatz mit Reliefszenen bekrönt, auf dessen drei Bögen sich vollplastische Figuren erhoben. Die beiden Flügel zierten segmentbogige Abschlüsse.

Während die Mittelszene des Altarrisses eine traditionelle Darstellung der Geburt Christi mit der Anbetung der Hirten zeigt, weist die Ausführung Unterschiede auf. Diese verweisen auf ein im Kontext der Marienmystik erweitertes Bildthema: Bereits bei der Geburt Christi wird über Symbole auf die Passion und die Erlösung der Menschheit durch den Gottessohn hingewiesen. Diese Veränderung im theologischen Konzept wird auf eine Zusammenarbeit von Stoß mit seinem Sohn, dem Prior, zurückgeführt. Ausdrücklich wird bereits im Vertrag von 1520 vermerkt, dass über den Riss hinaus auch vom alten Stoß Veränderungsvorschläge zu erwarten waren: *»Vnd was obgenant mayster Veytt besser wirdt machen wollen wir mit ihm vber eyn kumen.«* Für ein aktives Mitwirken spricht zudem das Stoß'sche Interesse an spätmittelalterlichen mystischen Andachtsbüchern wie den Revelationes der Heiligen Birgitta von

Schweden (1303–1373). Ein heute verschollenes Exemplar aus seinem Besitz, mit seinen Randnotizen versehen, ist in Quellen nachweisbar.

Die Weihnachtserzählung als Hauptszene des Altars zeigt mittig, am Boden liegend, das neugeborene Kind (heute als barocke Ergänzung auf einem Kissen, ursprünglich auf der Schleppe Marias platziert). Links von ihm kniet seine es in weisender Geste anbetende Mutter. Links hinter ihr, am linken Schreinrand, ragt auf einem rundbogigen, auf die Geburtshöhle verweisenden Kellereingang der von der Geburtsszene separierte Josef auf, der gerade Ochs und Esel Futter reicht. Zwischen Maria und dem Kind ist, aus der Mitte leicht nach links versetzt, eine den Schrein dominierende Säule mit einem reich verzierten Kapitell eingefügt. Sie wird von einem Engel mit Laute umfangen, dessen Flügel sich hinter ihm entfalten. Mehrere Figuren bilden in der rechten Bildhälfte eine Gruppe: Ein weiterer, aber flügelloser Engel neigt sich, mit einer Krippe auf dem Schoß, zum Kind, ein kniender mit heute leeren Händen wendet sich frontal zum Betrachter. Am rechten Schreinrand tritt ein hochgewachsener Engel mit langen Korkenzieherlocken hinzu, der Viola und Kreuz hält. Die Engel werden im Hintergrund durch zwei Hirten ergänzt, die beide Kopfbedeckungen und Umhänge tragen. Jede der individualisierten Figuren ist in sich gekehrt, ohne direkten Kontakt zueinander. Sie alle verbindet jedoch die stille Anbetung des Christuskindes. Unterschiedliche Kopfhaltungen und Blickrichtungen bringen eine schwingende Linie in die rhythmisch frei konzipierte, tiefengestaffelte Gruppe ein. Der reich ausgestattete Schreinhintergrund der oberen Hälfte zeigt Landschaftselemente in spätgotischer Manier ohne linearperspektivische Umsetzung: eine befestigte Stadt und mehrere kleinformatige Figuren in einer hügeligen Gegend.

Während die Musikinstrumente die Idee des Engelskonzertes in die Darstellung der Geburt integrieren, weist das Kreuz des rechts platzierten Engels auf die Passion voraus. Auch für den frontal auf den Betrachter ausgerichteten Engel mit leeren Händen können Leidenswerkzeuge wie Dornenkrone und Kreuzesnägel angenommen werden. Die dem Christuskind zugeordnete Säule, die nach den Visionen der heiligen Birgitta von Schweden und den Meditationes des Pseudo-Bonaventura Maria als Halt während der Geburt diente, ist in diesem Kontext auch Geißelsäule.

Renaissancehaft ist von Stoß das plastische Volumen der Figuren aufgefasst, deren Körperteile sich gemäß ihrer Funktion und Bewegung durch die eng am Leib liegenden Gewandteile abzeichnen. Gesteigert wird die Körpermodellierung durch die Holzsichtigkeit des Altars, der lediglich mit einer monochromen, rötlich-braun schimmernden Lasur und einer Teilfassung der Gesichter überzogen ist. Die glatten, polierten Oberflächen des Altares in Kombination mit tiefen Hinterschneidungen und der Staffelung der Figuren bedingen ein lebhaftes Spiel von Licht und Schatten. Der ungefasste Zustand war eine bewusst getroffene ästhetische Entscheidung des Bildschnitzers, der sein feines Schnitzwerk mit seiner hohen künstlerischen Qualität durch keine manipulierende Fassung beeinträchtigt sehen wollte. Bestätigt wird dies durch einen 1523 ins Anniversarienbuch des Klosters niedergeschriebenen Eintrag von Andreas Stoß: Kein zukünftiger Prior solle den Altar leichtfertig fassen lassen. Die Gründe hierfür mögen die Prioren sich von kunstverständigen Meistern des Bildschnitzerhandwerks erklären lassen. Andreas Stoß bestätigte zunächst den Kunstwerkcharakter der väterlichen Arbeit, der jedoch zum Verständnis einer fachmännischen Erklärung bedurfte. Von einer allgemeinen Akzeptanz materialsichtiger Altäre war zu diesem Zeitpunkt noch nicht auszugehen. Der Prior vermerkte auch die genauen Termine für die Öffnung des Flügelaltars und mahnte dessen pflegliche Behandlung an: Keine großen Kerzen sollten wegen des Rauchs vor dem Altar aufgestellt werden, zwei würden genügen.

Die Holzsichtigkeit von Bildwerken wird auch mit bildreformerischen Bestrebungen kurz vor Beginn der Reformation in Verbindung gebracht: Der durch die farbige Fassung bedingte Realismus, also die »Leibhaftigkeit« der sakralen Figuren, sollte durch ihre holzsichtige »Künstlichkeit« zurückgenommen werden. Diese Betrachtungsweise kam der theologischen Aussage des Altars der Karmeliterkirche durchaus zugute. Gerade durch die beleuchteten und verschatteten Holzflächen insbesondere der zentralen Szene wurde diese in mystifzierende Distanz gerückt und damit am Vorabend der Reformation in Nürnberg die hervorgehobene Stellung Marias im Heilsgeschehen und als Mutter des Heilands betont. Um 1520 führten die Nürnberger Bettelorden und damit auch die Karmeliten unter ihrem Prior Andreas Stoß einen Feldzug gegen die Lutheraner, die die Orden als »Sekten« abtaten und ihrer Marienverehrung distanziert gegenüberstanden. Die Auseinandersetzung zwischen den Parteien wurde zu diesem frühen Zeitpunkt noch über Predigten von der Kanzel herunter ausgetragen, fand aber 1525 mit der Auflösung aller reichsstädtischen Klöster eine klare Entscheidung.

BITTERER LEBENSABEND

Ab 1523 war Stoß wieder in Auseinandersetzungen um Geld mit dem Rat verstrickt, der kein Entgegenkommen zeigte. Auch die 20 Jahre zurückliegenden Geldforderungen an Starzedel, dem bankrotten Kaufmann, der 1501 mit einem Teil von Veit Stoß' Vermögen aus der Reichsstadt verschwunden war, begannen ihn wieder intensiv zu beschäftigen. Stoß stöberte ihn in Schlesien auf, wo er in Reichenstein ein Bergwerk betrieb. Bereits 1510 hatten sich weitere Betrogene aus der patrizischen Oberschicht – wie die Welser aus Augsburg, die Imhoffs und Hirsvogel aus Nürnberg und die Humpiß aus Ravensburg – an das Bergwerksgericht zu Reichenstein gewandt und Teile des Ertrages zugesprochen bekommen. Stoß war zu diesem Zeitpunkt außen vor geblieben. 1524 ließ er eine vom Rat beglaubigte Abschrift seines Schuldbriefs nach Breslau überstellen, um eine gerichtlich verfügte Herausgabe seines Geldes zu erreichen. Bei Anhörung vor dem dortigen Gericht behauptete Starzedel, dass Stoß bereits in dem mit den anderen Gläubigern 1510 geschlossenen Vertrag berücksichtigt sei, und legte zur Beglaubigung seiner Aussage eine Kopie vor. Er ließ dem Bildschnitzer übermitteln, dass er sich zur Begleichung der Schuld an seine Vertragspartner halten solle. Der Künstler, der Starzedels Behauptung zunächst Glauben schenkte und sich erneut betrogen und zurückgesetzt sah, machte nun vehement seine Forderungen am Gerichtsort Nürnberg gegen die beiden ortsansässigen Patrizier Imhoff und Hirsvogel geltend und versuchte gleichzeitig, sich beim Breslauer Gericht Klarheit über die Starzedelschen Händel zu verschaffen. Obwohl sich schließlich herausstellte, dass Starzedel Stoß' Namen in betrügerischer Weise in den Kontrakt eingefügt hatte, betrieb der Bildschnitzer auch die Nürnberger Klage hartnäckig weiter.

Im Sommer des Jahres 1526 beschloss der fast 80-Jährige, zum dritten Mal nach 1524 und 1525, nach Breslau zu reisen, um Starzedel zur Rechenschaft zu ziehen. Während seiner Abwesenheit, am 9. August 1526, verstarb jedoch seine Ehefrau Christina. Der Rat, der darauf bedacht war, unlauteren Machenschaften vorzubeugen, ließ das Stoß'sche Anwesen versiegeln und verständigte den Witwer. Dieser muss umgehend heimgekehrt sein, denn Anfang Oktober ist er wieder in der Reichsstadt verbürgt. Durch die zunehmende Undurchsichtigkeit der Angelegenheit, den erneuten Betrug und die Demütigung verbittert, trat er nun aggressiv gegen die beiden beschuldigten Nürnberger Patrizier auf, so dass der Rat ihn zur Mäßigung aufrief und dem *»irrig und geschreyig man«* sogar Gefängnis androhte. Am 31. Mai 1527 lenkte Stoß ein und schwor, seine Mitgläubiger außerhalb des Rechtsweges nicht mehr tätlich anzugehen und auch ein gewaltsames Austragen des Konflikts durch seine Söhne zu unterbinden. Er hatte wohl Bedenken, dass der Rat ihn wieder einmal mit Leib und Gut haftbar machen würde. Danach scheint der mittlerweile Hochbetagte in der Sache Starzedel kapituliert zu haben. Seine Werkstatt ist für diesen Zeitraum nicht mehr nachzuweisen, wiewohl er bis 1532 den Verkaufsstand an der Frauenkirche beibehielt.

Stoß' letzte Lebensjahre zeichnen sich in den Ratsakten nur mehr verhalten ab. Gelegentlich übernahm er kleinere Schulden seiner Kinder, von denen einige bereits verstorben waren. Mit Ausnahme seines Sohnes Willibald hatten alle lebenden Nürnberg verlassen. Trotz der Bitte des Vaters verbot

Die Kinder des Bildschnitzers

13 Kinder wurden Veit Stoß in seinen Ehen mit Barbara Hertz und Christina Reinolt geboren. Sein Sohn Dr. Andreas Stoß, der schon vor 1503 als Mönch in das Nürnberger Karmeliterkloster eingetreten und 1520 zu dessen Prior ernannt worden war, war bis zum seinem Tod 1538 Provinzial des Ordens in Oberdeutschland und Ungarn. Stoß' zweiter Sohn, der in Krakau geborene Stanislaus, war nach der die Familie belastenden Schuldscheinaffäre seines Vaters im Jahr 1505 als Bildschnitzer dorthin zurückgekehrt und wird dort als Obermeister der Malerzunft in den Ratsakten erwähnt. Im Jahr 1527 hielt er sich in Nürnberg auf und dürfte kurz danach verstorben sein. Über Stoß' einzige Tochter aus erster Ehe, Katharina, die mit Jörg Trummer verheiratet war, ist wenig bekannt. Beide hatten eine Tochter, Ursula, die später mit ihrem Ehemann in Nürnberg lebte und den Kontakt zu ihrem Großvater hielt. Florian Stoß, ein gelernter Goldschmied, ist 1515 in Görlitz ansässig, scheint aber verarmt zu sein, denn sein Vater wird 1525 ersucht, für ihn Schulden von 40 Gulden zu übernehmen. 1533 wird er als »unbehauster, armer Handwerksmann mit unerzogenen Kindern« geschildert. Über Sebastian, Adrian, einem Landsknecht, und Johann, Maler und Bildschnitzer, ist wenig bekannt. Alle drei verstarben bereits vor Veit Stoß. Der jüngste Sohn aus erster Ehe, Mathias, der sich in Pilsen niederließ, überlebte seinen Vater nur um ein Jahr.

Veit Stoß d. J. war der älteste Sohn aus der Ehe mit Christina. Er wird 1523 als Mitglied der Kronstadter Tischlerzunft genannt, starb aber bereits 1531. Die einzige Tochter aus zweiter Ehe, Margareta, trat 1519 in das Kloster Engelthal ein, schied im Jahr 1552 wegen einer Erkrankung aus, der sie ein Jahr später erlag. Über Johannes Evangelista, ansässig in Bergsaß in Ungarn, ist nichts außer seinem Aufenthaltsort bekannt. Viele Informationen liegen für den zweitjüngsten Sohn Willibald vor: Er war gelernter Bildschnitzer, später aber auch erfolgreich als Tuchhändler und Kaufmann tätig. In Nürnberg besaß er mehrere Häuser. In seinem Adelsbrief, den er 1555 vom Kaiser erhielt und in dem ausdrücklich seine als kaiserliche Sekretäre tätigen Ahnen erwähnt werden, wird er als »Hofdiener« aufgeführt. Auch Willibald hatte zum Rat der Stadt Nürnberg ein zwiespältiges Verhältnis, was ihn 1560 dazu bewog, nach Schweinfurt umzuziehen, wo er 1573 starb. Stoß' jüngster Sohn Martin, der Anfang der 1530er-Jahre bei seinem Bruder Florian in Görlitz als Goldschmied in die Lehre gegangen war, ließ sich nach einer Zwischenstation in Schäßburg in Siebenbürgen 1541 in Krakau nieder, wo er als »Martinus Stoß frater germanus Stanislai Stoß« in den Bürgerbüchern erwähnt wird.

der Rat seinem ältesten Sohn Andreas, die Reichstadt auch nur mehr besuchsweise zu betreten.

Laut Totengeläutbuch von St. Sebald verstarb der zum Ende hin wohl erblindete Bildschnitzer um den 20. September 1533, da er in der Liste der vom 17. September bis 17. Dezember Verstorbenen an zweiter Stelle geführt wird. Die vielen dort für diese Zeitspanne vermerkten Todesfälle deuten auf eine grassierende Seuche hin, die auch Stoß das Leben gekostet haben könnte. Sein für die damalige Zeit hohes Alter von etwa 85 Jahren könnte auf seine bescheidene Lebensführung zurückzuführen gewesen sein. Neudörffer lässt uns wissen: *»Er enthielt[] sich des Weins und lebte sehr mäßig.«* Stoß hinterließ ein großes Vermögen, das er sich nach der Schuldscheinaffäre wieder angespart hatte. Über 8000 Gulden wurden unter seinen noch lebenden Kindern und Enkeln aufgeteilt – weit mehr als der 1528 verstorbene wohlhabende Albrecht Dürer besaß. In seinem Nachlass fanden sich nur mehr wenige Schnitzwerke: *»ain geschnitzt Adam und Eva, auch ein alt weib, ain kindleins tannz und ein groß Crucifix.«* Der Bildschnitzer wurde auf dem Johannisfriedhof in Nürnberg im Grab Nr. 268 beigesetzt.

Zeittafel

Um 1450 Veit Stoß wird im schwäbischen Horb am Neckar geboren

Bis 1477 Ausbildung, Gesellenzeit und Gesellenwanderung; Anfang der 70er-Jahre Niederlassung in Nürnberg und Heirat mit Barbara Hertz

1477 Aufgabe des Nürnberger Bürgerrechts und Übersiedelung nach Krakau

1477–89 Marienaltar, Marienkirche, Krakau

Um 1491 Slacker-Kruzifix, Marienkirche, Krakau

1492 Grabmal für König Kasimir IV. Jagiello, Wawel, Krakau

1493–95 Grabmäler für Erzbischof Zbigniew Oleśnicki, Dom, Gnesen, und des Bischofs Piotr von Bnin, Dom, Włocławek

1496 Rückkehr nach Nürnberg mit erneutem Bürgerrecht; Tod seiner Ehefrau Barbara

1497 Heirat mit Christina Reinolt

1496/1507 Grabplatte des Callimachus, Dominikanerkirche, Krakau

1499 Volckamersche Gedächtnisstiftung, St. Sebald, Nürnberg; Erwerb des Wohnhauses in der Prechtelsgasse

1500–03 Hochaltar für die Stadtpfarrkirche in Schwaz in Tirol; Kruzifix in der Nürnberger Burgkapelle; Hausmadonna vom Weinmarkt, Germanisches Nationalmuseum, Nürnberg

1500 Spekulationsgeschäfte bei den Kaufleuten Jakob Baner und Hans Starzedel

1501/02 Konkurs von Starzedel; Klage gegen den Kaufmann Baner beim Nürnberger Stadtgericht

1503 Fälschung des Schuldscheins; Übernahme des Auftrags in Münnerstadt; Flucht ins Karmeliterkloster; Gefangennahme; Geheimvertrag mit Baner; Begnadigung und Brandmarkung

1504 Zivilrechtlicher Prozess von Jakob Baner gegen Stoß; Verurteilung, daraufhin Flucht nach Münnerstadt und Fertigstellung des dortigen Auftrags

1505 Rückkehr nach Nürnberg; Beginn der Trummerfehde; Wiederaufnahme der Werkstatttätigkeit

1506 Konflikte mit dem Rat wegen Ausgangssperre mit Aufenthalt im Lochgefängnis; Gnadenbrief von Kaiser Maximilian I.

1507–14 Heiliger Andreas, St. Sebald, Nürnberg; Kruzifixe aus dem Heilig-Geist-Spital, Nürnberg, und aus Ognissanti, Florenz; Epitaph für Margarete von Wildenfels, Langenzenn; Auftrag von Kaiser Maximilian I. für eine Bronzefigur

1516 Raphael-Tobias-Gruppe, Germanisches Nationalmuseum, Nürnberg

1517–18 Englischer Gruß, St. Lorenz, Nürnberg

1520 Kruzifix aus St. Lorenz, Nürnberg, und Wickelsches Kruzifix, St. Sebald, Nürnberg; Hl. Rochus, SS. Annunziata, Florenz; Andreas Stoß wird Prior des Karmeliterklosters in Nürnberg

1520–23 Hochaltar der Karmeliterkirche, Dom, Bamberg; Beginn der Auseinandersetzungen um dessen Bezahlung

1525 Reichsstadt bekennt sich zur Reformation

1523–33 Erneuter Betrug Starzedels; Prozess gegen Nürnberger Ratsherren

1533 Veit Stoß stirbt um den 20. September in Nürnberg

Werkverzeichnis (Auswahl)

Marienaltar (Lindenholz, 1489; Marienkirche, Krakau)

Epitaph für Filippo Buonaccorsi gen. Callimachus (Bronze, 1497/1507; Dominikanerkirche, Krakau)

Volckamersche Gedächtnisstiftung, (Sandstein, 1499; St. Sebald, Nürnberg)

Kruzifix in der Burgkapelle (Lindenholz, um 1500; Kaiserburg, Burgkapelle, Nürnberg)

Hausmadonna vom Weinmarkt (Sandstein, 1500–03; Germanisches Nationalmuseum, Nürnberg)

Heiliger Andreas (Lindenholz, 1505–10; St. Sebald, Nürnberg)

Kruzifix aus dem Heilig-Geist-Spital (Lindenholz, 1505–10; Germanisches Nationalmuseum, Nürnberg)

Maria und Johannes (Lindenholz, 1506–07/08; St. Sebald, Nürnberg)

Epitaph der Margarete von Wildenfels (Sandstein, 1513; Evang.-Lutherische Pfarrkirche Langenzenn)

Raphael-Tobias-Gruppe (Lindenholz, 1516; Germanisches Nationalmuseum, Nürnberg)

Kruzifix auf dem Hochaltar (Lindenholz, 1516–20; St. Lorenz, Nürnberg)

Englischer Gruß (Lindenholz, 1517–18; St. Lorenz, Nürnberg)

Hausmadonna von der Wunderburggasse (Lindenholz, um 1520; Germanisches Nationalmuseum, Nürnberg)

Kruzifix des Nicklos Wickel (Lindenholz, 1520; St. Sebald, Nürnberg)

Heiliger Veit im Ölkessel (Lindenholz, 1520; Germanisches Nationalmuseum, Nürnberg)

Ehemaliger Hochaltar der Nürnberger Karmeliterkirche (Marienaltar), (Lindenholz, 1520–23; Dom, Bamberg)

Drachenleuchter aus dem Nürnberger Rathaus (Lindenholz und Rentiergeweih, 1522; Germanisches Nationalmuseum, Nürnberg)

Ausgewählte Literatur

ALBRECHT, Claudia Franziska, Stilkritische Studien zum mittleren Werk des Veit Stoß, Würzburg 1997.

BAXANDALL, Michael, Die Kunst der Bildschnitzer. Tilmann Riemenschneider, Veit Stoß und ihre Zeitgenossen, München 1985.

BELZYT, Leszek, Die Deutschen um 1500 in den Metropolen Prag, Ofen und Krakau. Versuch eines Vergleichs, in: Zeitschrift für Ostmitteleuropa-Forschung 46, Marburg 1997, S. 45–62.

BRACHERT, Thomas, Der Kruzifix des Veit Stoß im Germanischen Nationalmuseum, in: Maltechnik-Restauro 90, 1984, S. 14–23.

CELTIS, Conrad, Norimberga. Ein Büchlein über Ursprung, Lage, Einrichtungen und Gesittung Nürnbergs, übersetzt von Gerhard Fink, Nürnberg 2000.

DIETL, Albert, Himmelfahrt der Maria. Der Krakauer Marienaltar und seine Geschichte, in: Wit Stwosz – Veit Stoß. Ein Künstler in Krakau und Nürnberg, hrsg. von Christoph Hölz, München 2000, S. 50–101.

DÜMPELMANN, Britta, Veit Stoß und das Krakauer Marienretabel: Mediale Zugänge, mediale Perspektiven, Zürich 2012.

ESER, Thomas, Veit Stoß – Ein polnischer Schwabe wird Nürnberger, in: Von nah und fern. Zuwanderer in die Reichsstadt Nürnberg, Korn, Brigitte / Diefenbacher, Michael / Zahlaus, Steven (Hg.), Schriftenreihe der Museen der Stadt Nürnberg, Bd. 4, Petersberg 2014, S. 85–90.

ESER, Thomas, Schattenspiele. Der Florentiner Rochus und die Schemen seiner unbekannten Aufraggeber, in: Quasi Centrum Europae. Europa kauft in Nürnberg 1400–1800, Ausstellungskatalog Germanisches Nationalmuseum Nürnberg, Nürnberg 2002, S. 56–62.

GESSLER, Franz (Hg.), Veit Stoß. Bildhauer von Horb, Horb a. N. 1983.

GERMANISCHES NATIONALMUSEUM NÜRNBERG / ZENTRALINSTITUT FÜR KUNSTGESCHICHTE MÜNCHEN (Hg.), Veit Stoß. Die Vorträge des Nürnberger Symposions, München 1985.

GERMANISCHES NATIONALMUSEUM NÜRNBERG (Hg.), Veit Stoß in Nürnberg. Werke des Meisters und seiner Schule in Nürnberg und Umgebung, Ausstellungskatalog, München 1983.

HÖLZ, Christoph (Hg.), Wit Stwosz – Veit Stoß. Ein Künstler in Krakau und Nürnberg, München 2000.

HÖRSCH, Markus, Veit Stoß aus Horb in Krakau und Nürnberg, in: Leben mit Vergangenheit. Jahrbuch des Heimatgeschichtsvereins für Schönbuch und Gäu e. V., 5/2006, Sindelfingen, S. 140–169.

Huth, Hans, Künstler und Werkstatt der Spätgotik, Darmstadt 1967.

Jäger, Adolf / Puchner, Otto, Veit Stoss und sein Geschlecht. Freie Schriftenfolge der Gesellschaft für Familienforschung in Franken, Bd. 9, Neustadt / Aisch 1958.

Kammel, Frank Matthias: Monströse Beleuchtung. Der »Drachenleuchter« von Veit Stoß. In: Monster. Fantastische Bilderwelten zwischen Grauen und Komik. Ausstellungskatalog Germanisches Nationalmuseum Nürnberg, Nürnberg 2015, S. 86–89.

Kashnitz, Rainer, Veit Stoß in Nürnberg. Eine Nachlese zu Katalog und Ausstellung, in: Anzeiger des Germanischen Nationalmuseums, Nürnberg 1984, S. 39–70.

Kashnitz, Rainer, Veit Stoß, der Meister der Kruzifixe, in: Zeitschrift des Deutschen Vereins für Kunstwissenschaft, Jg. 1995/96, Bd. 49/50, Berlin, S. 123–178.

Kepinski, Zdzisław, Veit Stoss, Warschau 1981.

Lossnitzer, Max, Veit Stoß. Die Herkunft seiner Familie, seine Werke und sein Leben, Leipzig 1912.

Lutze, Eberhard, Veit Stoß, München, Berlin 1968.

Machat, Christoph, Veit Stoss. Ein deutscher Künstler zwischen Nürnberg und Krakau, Bonn 1984.

Markschies, Alexander, »un mircacolo die legno« – Der Rochus des »Janni Francese«, in: Wege zur Renaissance, hg. von Nußbaum, Norbert / Euskirchen, Claudia / Hoppe, Stephan, Köln 2003, S. 327–340.

Neudörffer, Johann, Nachrichten von den vornehmsten Künstlern und Werkleuten so innerhalb hundert Jahren in Nürnberg gelebt haben, 1546, nebst einer Fortsetzung von Andreas Gulden 1660, Verlag Campe, Nürnberg 1828.

Nowakowski, Andrzej / Skubiszewski, Piotr, Blask. Ołtarz Mariacki Wita Stwosza. Shine. St. Mary's Altar by Veit Stoss, Krakau 2011.

Schultheiss, Werner, Das Bürgerrecht der Königs- und Reichsstadt Nürnberg, in: Festschrift für Hermann Heimpel zum 70. Geb., II. Bd., Göttingen 1972, S. 159–194.

Schulz, Knut, Handwerk, Zünfte und Gewerbe. Mittelalter und Renaissance, Darmstadt 2010.

Sello, Gottfried / Hirmer, Albert, Veit Stoß, München 1988.

Skubiszewski, Piotr, Der Stil des Veit Stoß, in: Zeitschrift für Kunstgeschichte, Jg. 1978, Bd. 41, Heft 2, München, S. 93–133.

Skubiszewski, Piotr, Veit Stoß und Polen. Vortrag gehalten am 13. Jan. 1983 im Germanischen Nationalmuseum, Nürnberg, Nürnberg 1983.

Söding, Ulrich, Veit Stoß (ca. 1447–1533), in: Große Gestalten der bayerischen Geschichte, München 2012, S. 113–133.

Stafski, Heinz, Der Bamberger Altar des Veit Stoß, in: Anzeiger des Germanischen Nationalmuseums, Nürnberg 1970, S. 47–68.

Stuhr, Michael, Der Krakauer Marienaltar von Veit Stoß, Leipzig 1992.

Tacke, Andreas / Timann, Ursula, Echte Nürnberger? Zugewanderte Künstler als Malerlehrlinge, Gesellen bzw. Meister, in: Von nah und fern. Zuwanderer in die Reichsstadt Nürnberg, Schriftenreihe der Museen der Stadt Nürnberg, hg. von Korn, Brigitte / Diefenbacher, Michael / Zahlaus, Steven, Bd. 4, Petersberg 2014, S. 47–54.

Wuttke, Dieter, Humanismus in Nürnberg um 1500, in: Zeitschrift für bayerische Landesgeschichte, 48, München 1985, S. 677–688.

Museen

Sammlung im Germanischen Nationalmuseum, Nürnberg
Kartäusergasse 1, 90402 Nürnberg
Tel. 0911/13 31 0
www.gnm.de
Di–So 10–18 Uhr, Mi 10–21 Uhr

Kaiserburg Nürnberg
Auf der Burg, 90403 Nürnberg
Tel. 0911/24 46 59 0
www.kaiserburg-nuernberg.de
April–Sept., 9–18 Uhr
Okt.–März, 10–16 Uhr

Ausgewählte Kirchen mit Werken von Veit Stoß

Marienkirche Krakau, plac. Mariacki 5, 31-042 Krakau, Polen, tgl. 11.30–18 Uhr

Dominikanerkirche Krakau, Stolarska 12, 31-043 Krakau, Polen

St. Sebald, Nürnberg, Winklerstr. 29, 90403 Nürnberg, Jan.–März 9.30–16 Uhr, April–Dez. 9.30–18 Uhr

St. Lorenz , Nürnberg, Lorenzer Platz 1 , 90402 Nürnberg, Mo.–Sa. 9–17 Uhr, So. 13–16 Uhr

Evang.-Lutherische Pfarrkirche Langenzenn, Prinzregentenplatz 2, 90579 Langenzenn, tgl. 8–16 Uhr (Eingang Nordportal)

Dom zu Bamberg, Domplatz, 96049 Bamberg, tgl. 8–18 Uhr

Bildnachweis

akg-images: 99, 111 (Erich Lessing)

Germanisches Nationalmuseum, Nürnberg: 105, 128, 129 (Foto: Jürgen Musolf)

https://commons.wikimedia.org: 22, 32, 35, 45 (Hans A. Rosbach), 55 (Ludwig Schneider), 77 (Ludwig Schneider), 113 (Sailko), 125, 127 (Rufus46), 130 (Mattes), 134 (Dr. Volkmar Rudolf)

SLUB Dresden / Deutsche Fotothek: 58

Stadtarchiv Nürnberg / A48-Sc-44-06: 66

St. Sebald, Nürnberg (Foto: Thomas Bachmann): 73, 103, 118

Umschlagmotive: vorne: Veit-Stoß-Altar im Bamberger Dom, Holz-Relief »Die Geburt Jesu« (akg-images / Bildarchiv Monheim); hinten: Englischer Gruß, St. Lorenz, Nürnberg, 1517/18 (St. Sebald, Nürnberg, Foto: Thomas Bachmann)

Bibliografische Information der Deutschen Nationalbibliothek
Die Deutsche Nationalbibliothek verzeichnet diese Publikation in der Deutschen Nationalbibliografie; detaillierte bibliografische Daten sind im Internet über http://dnb.dnb.de abrufbar.

ISBN 978-3-7917-2855-1

Reihen-/ Umschlaggestaltung und Layout: Martin Veicht, Regensburg
Satz: Martin Vollnhals, Neustadt a. d. Donau
Druck und Bindung: Friedrich Pustet, Regensburg
Printed in Germany 2017

Diese Publikation ist auch als eBook erhältlich:
eISBN 978-3-7917-6102-2 (epub)

Weitere Publikationen aus unserem Programm
finden Sie auf www.verlag-pustet.de
Informationen und Bestellungen unter verlag@pustet.de